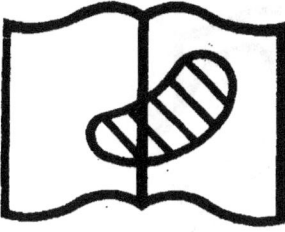

Couverture inférieure manquante

HISTOIRE

DU

TIERS-ÉTAT A TONNERRE

AU MILIEU DU XVIe SIÈCLE

(1543-1590)

PAR

M. Max. QUANTIN.

Extrait du *Bulletin de la Société des Sciences historiques et naturelles de l'Yonne*, 2e semestre 1886.

AUXERRE
TYPOGRAPHIE ET LITHOGRAPHIE DE G. ROUILLÉ
1887

(9)

HISTOIRE DU TIERS-ÉTAT A TONNERRE

AU MILIEU DU XVIe SIÈCLE
(1543-1590)

Par M. Max. QUANTIN

INTRODUCTION.

Maitre Antoine Petitjehan, notaire titulaire du protocole du tabellionage de la ville et du comté de Tonnerre, ne pensait pas, en rédigeant ses « notes », qu'il signait et qu'il transcrivait ensuite sur ses registres, qu'il préparait pour la postérité les matériaux d'une histoire du Tiers-État dans sa ville natale, au milieu du XVIe siècle. C'est cependant ce qu'il a fait. Il nous a fourni, avec d'autres notaires, comme Levuyt et Bouldrey, alternativement possesseurs avec lui du tabellionage, un grand nombre de registres qui ne commencent, il est vrai, qu'à l'an 1543, mais qui se continuent ensuite jusqu'à la fin du XVIe siècle (1).

Si l'on a la patience de braver le griffonnage de la plupart des actes de ces registres, on en est bien récompensé et on pénètre

(1) Archives de l'Yonne, E 648 à E 676. Ces registres et ceux qui suivent étaient, avant 1790, conservés à l'abbaye Saint-Michel de Tonnerre.

Les actes transcrits sur ces registres sont signés du notaire seul jusqu'à l'ordonnance de 1560. Les témoins y sont, jusque-là, seulement mentionnés. Ces actes sont très courts, à l'exception des contrats de mariage et des réglements de procès.

En marge est la mention de l'expédition, quelquefois par *fiat duplex*. Le coût de l'acte est ainsi mentionné : « marchandé à 15 s.; — un autre : « marchandé au preneur à 6 s. et au bailleur à 3 s. »

Après 1561, les signatures des parties et des témoins s'étalent sur le protocole. Le notaire mentionne les contractants ou les témoins qui ne savent pas signer.

tout-à-fait dans la connaissance des détails de l'état social de nos ancêtres du xvi° siècle à Tonnerre, et dans le comté sur une partie des villages duquel le tabellionage fournit des documents. C'est surtout là l'objet du présent travail (1).

Tonnerre était le chef-lieu d'un comté important, qui appartint depuis le xi° siècle à la puissante maison des comtes de Nevers et qui passa aux Chalon au xiv° siècle, advint aux Husson (1426) et enfin échut aux Clermont (1537), qui le conservèrent jusqu'à la vente qu'en fit Joseph de Clermont au grand Louvois, en 1684. Depuis ce temps jusqu'à la révolution le comté demeura aux descendants du ministre de Louis XIV.

Tonnerre est un oppidum gaulois bâti près de la fontaine Dionne, qui sort puissante du pied d'une haute montagne sur laquelle les Romains établirent dans la suite une station militaire au point d'intersection de la voie de Sens à Alise et du vieux chemin d'Auxerre à cette dernière ville.

Au moyen âge s'éleva sur la montagne un château fort qui dominait et protégeait la ville haute.

Le *Perron*, la ville moyenne, composé des rues des Forges, dame Nicole, Saint-Pierre et Jean Garnier, était déjà fortifié en 1288, et protégé par d'épaisses murailles et de profonds fossés.

Une tour s'élevait sur la place actuelle de l'église Saint-Pierre et était désignée sous le nom de Belfort ou de Château-moyen.

A cette époque, les maisons descendirent dans la plaine, et l'on vit s'élever successivement l'église Notre-Dame et l'hôpital des Fontenilles, et, au dehors de l'enceinte de la ville, les faubourgs de Rougemont et de Bourberault.

En face de Saint-Pierre, sur le Mont Voutois, s'élevait l'important monastère de Saint-Michel, fondé au v° siècle, et autour duquel se groupèrent des maisons qui formèrent comme une troisième ville reliée à la principale par la rue Saint-Michel.

Le château, appelé Château-Meillant, et la ville furent dévastés par les Bourguignons en 1414, pour punir le comte Louis d'avoir suivi le parti du duc d'Orléans. La vieille ville et le château ne furent pas relevés, et les comtes, lorsqu'ils venaient à Tonnerre, logeaient près de l'hospice, dans le château de la comtesse Marguerite de Sicile, et au xvi° siècle firent bâtir le charmant édifice qu'on appelle encore l'Hôtel d'Uzès. La ruine de la ville entière, par l'incendie de 1556, ne laissa guère debout que l'hôpital Notre-

_____

(1) Nous croyons utile d'avertir que l'*Histoire du Tiers-État* a été composée à l'aide de plus de 400 fiches relevées sur 29 gros registres du Tabellionage.

Dame des Fontenilles, le chœur des églises Saint-Pierre et Notre-
Dame et quelques rares maisons (1).

Mais laissons de côté ces faits généraux, qui ont été racontés
bien des fois par les historiens qui nous ont précédés (2), et
entrons dans notre sujet.

I.

ÉTAT SOCIAL DES HABITANTS.

Depuis l'an 1211, les habitants de Tonnerre étaient libres. Le
comte Pierre de Courtenay les avait affranchis alors gratuitement
de la main-morte, leur avait accordé la liberté de vendanger à
leur volonté et leur avait fait don du Pâtis, vaste terrain sur le
bord de l'Armançon, dont il subsiste une belle promenade lon-
geant la gare du chemin de fer. Il leur avait accordé aussi le droit
de nommer eux-mêmes des sergents pour la garde de leurs
héritages. Ils avaient aussi droit de chasse et droit de pêche dans
l'Armançon.

Jusqu'en 1174, les habitants avaient payé la taille personnelle.
A cette date, le comte Gui renonça à ce droit moyennant la dîme
des blés et autres grains des récoltes, et le payement de cinq sous
par faite de maison habitée. Il ajouta que tout étranger qui vien-
drait habiter Tonnerre paierait cinq sous par an, et, s'il acquérait
une maison, des vignes et des terres, il paierait encore cinq sous
pour sa maison et la dîme au dixième sur ses récoltes. Les autres
droits tels que le cens sur les biens, les lods et ventes sur les
acquisitions, etc., furent maintenus (3).

En 1261, la communauté reçut un commencement d'organi-
sation. Au lieu d'être régis par le prévôt du comte, et de nommer
des procureurs spéciaux pour les affaires municipales, les habitants reçurent du comte Eudes et de sa femme Mahaut II le droit
d'élire, par vingt bourgeois, six autres prudhommes, chaque
année, pour défendre les libertés de la ville et aussi conserver les

(1) On en cite une rue Jean Garnier.
(2) Voy. Bibliothèque de Tonnerre, Histoire de Tonnerre par Petitjehan,
in-8°, 153 p. pap. xvi° siècle, et copie au xviii° siècle, 381 p. pap. in-4°. —
Histoire du comté de Tonnerre par Jacquillat-Dépréaux, *Annuaire de* 1839,
et Mémoires divers de Lemaistre sur Tonnerre, dans le même ouvrage.
— Enfin A. Challe, histoire du comté de Tonnerre, Auxerre, 1875, in-8°.
(3) Voyez *Chartres et titres anciens des habitants de Tonnerre*, Auxerre,
1630, in-12.

droits du comte. Cet état de choses fut maintenu jusqu'à la fin du
xvi° siècle. Alors, la comtesse Louise de Clermont, qui fut si longtemps dame du Tonnerrois, et qui fit, de concert avec son second
mari, le duc d'Uzès, ériger tant d'édifices dans la ville, à Maulne
et ailleurs, la comtesse accorda aux habitants le droit d'élire
chaque année, en assemblée générale, un maire avec les six
échevins établis en 1261 et confirmés par le comte Louis de
Chalon en 1389. A cette époque l'autonomie locale était aussi
grande qu'il est possible. Les habitants de la paroisse Notre-Dame
font marché pour construire une partie de la tour de leur
église (1); la communauté tout entière de la ville fait réparer le
pont Notre-Dame. Les habitants des villages du comté traitent
avec des maçons et des entrepreneurs pour clore leur pays de
murailles.

La population de Tonnerre, qui était de plus de 500 feux en 1343,
dont 440 bourgeois payant la dîme du vin au comte (2), était au
xvi° siècle au moins aussi nombreuse. Sans compter les officiers de
justice du comte, les religieux de Saint-Michel, le clergé canonial
des deux paroisses Notre-Dame et Saint-Pierre, et les religieux et
religieuses de l'hôpital Notre-Dame des Fontenilles, on y
trouve des représentants de toutes les professions libérales, agri-
coles et manuelles du temps. Nous les rangerons par ordre alpha-
bétique :

Apothicaire, avocat, armurier, arquebusier, barbier, bonnetier,
boucher, boulanger, chapelier, charpentier, chirurgien, courtier
en vins, foulonnier, hôtelier, laboureur, maçon, maître d'écoles,
maréchal, manouvrier, médecin (docteur), menuisier, messager
de ville, moutardier, notaire et tabellion, opérateur, orfèvre, par-
cheminier, paveur, pêcheur, peintre et verrier, potier d'étain,
praticien, scieur de long, sculpteur, taillandier, tailleur d'habits,
tailleur de pierres, tanneur, tissier en draps, tonnelier, verrier,
vinaigrier, vigneron (le plus grand nombre), voiturier par terre.

Ces diverses professions représentent tous les besoins d'une
population de ville ordinaire du xvi° siècle.

Les protocoles nous éclairent sur le degré d'instruction de cette
population. Il faut d'abord remarquer que les contrats antérieurs
à 1561 ne mentionnent pas les signatures des parties, ce qui laisse
croire que ce n'est qu'en exécution de l'édit de 1554 et du vœu
des États d'Orléans de 1560, que les notaires ont commencé à faire
signer les actes par les parties et les témoins. Les protocoles de

(1) V. § XI, ci-après.
(2) *Cartulaire du comté de Tonnerre*, copie E 190.

Tonnerre, depuis 1565, contiennent de nombreuses signatures, non seulement d'hommes de professions libérales, mais aussi de marchands, d'artisans, de vignerons et de laboureurs. Ces signatures, ornées de paraphes, sont souvent assez bonnes. Les individus contractants et témoins, qui ne savent pas signer, apposent sur le registre diverses marques : des croix, des outils de leurs professions, une fleur de lis, des lettres, des cercles, etc.

Les femmes signent rarement et se ressentent du défaut d'instruction qui, dans la plupart des cas de personnes de conditions ordinaires, ne leur était pas donnée. Les baux à nourriture, qui prescrivent d'envoyer les garçons à l'école, ne parlent pas souvent des filles.

On voit encore dans les actes un aspect particulier de la société : c'est que les gens du Tiers-État des deux sexes n'ont jamais qu'un prénom (1), lequel est tiré de la légende des principaux saints, tels que : pour les garçons, Pierre, Jean, Joseph, Etienne, Nicolas, André et quelques saints locaux comme Didier ; et pour les filles, des saintes Marguerite, Catherine, Barbe, Claude, Geneviève, Anne, Marie, Françoise, etc.

Le costume du Tiers-État était très simple, comme on le verra en détail aux paragraphes relatifs aux mariages et aux baux à nourriture.

Parmi les nombreuses professions dont nous avons donné ci-dessus la liste, il faut distinguer celles qui touchent aux arts et en signaler les titulaires, bien que nous n'ayons pas d'œuvres à leur attribuer.

Maîtres maçons. — En 1568, pour les grands travaux qui s'exécutent au château de Tanlay, on emploie les maîtres maçons suivants : Germain Decasenave, J. Guynard, André de Courtray et Christophe Follard. Les trois derniers avaient épousé les filles de maître Jehan Decasenave, aussi maître maçon. Un autre Decasenave, Bertrand, demeure en Bretagne. Tous ensemble vendent à Jean Germain, sculpteur à Tonnerre, la moitié d'une cave sise rue Rougemont. (E 698, 24 mai 1568).

Ymageurs (2). — Un artiste de cette profession, qui vécut pendant plus de vingt-cinq ans à Tonnerre, c'est Jean Germain, mentionné ci-dessus et qualifié d' « honorable homme », d'ymageur et « marchand sculpteur » (E 658, an 1568), dans un rachat qu'il fait aux Decasenave et autres maîtres maçons. Il avait épousé, en

_____

(1) La femme de Me Jazu en a deux ; c'est le seul cas que j'aie rencontré.

(2) Sculpteurs.

1553, Catherine Ratat, veuve Allier, boucher. (E. 652, 6 mai). Il passa aussi divers contrats de propriétés.

Un autre ymageur de Tonnerre se nomme Claude Monnard. (E 675, an 1581, 23 février). Il signe un bail et accompagne son nom d'une grande fleur de lis.

Peintres et verriers. — Le plus ancien en date de cette profession est Pierre Symon, qui, en 1544, vend une vigne à honorable Pierre Testuot, maître charpentier. (E 649, 21 novembre).

Vient ensuite Jean Cabasson, d'une famille nombreuse de Tonnerre et qui a subsisté jusqu'à nos jours. Il était d'abord à Molôme (1553) ; l'année suivante. on le voit à Tonnerre. En 1560, il marie sa fille Marguerite avec Jean Symon, verrier, auquel il promet d'enseigner, pendant cinq ans, « l'art de peintre et verrier ». Symon n'était probablement à ce moment, pour son futur beau-père, qu'un simple barbouilleur.

En 1572, Jean Cabasson meurt et laisse sa veuve avec un fils nommé François et une fille qu'elle marie à Benjamin Baude, peintre et verrier. Germain Cabasson, aussi verrier, est témoin du mariage. (E 663). Un autre Cabasson, du prénom de Didier, est également verrier. (E 661, an 1570).

En 1573, Georges Testevuide, est aussi qualifié peintre-verrier. (E 666, f° 96).

Nous n'avons pas davantage trouvé de marchés de travaux d'art aux noms de tous ces verriers.

Médecins, chirurgiens. — Nos protocoles font diverses mentions de médecins et de chirurgiens. On y voit même noble homme maître Marc Myron, conseiller et premier médecin du roi, à Paris, prêter 196 écus à maître Pierre Thomas, élu pour le roi à Tonnerre, dont celui-ci lui donne reconnaissance du reliquat de 97 écus. (E 678, 25 janvier 1580).

Pierre Gauthier, docteur en médecine, est le seul personnage de cette qualité qui figure dans les protocoles. Il était de Chaource (Aube). Il avait épousé la fille de Jean Jazu, élu en l'élection de Tonnerre. (E 668, an 1574).

Les chirurgiens, que le notaire écrit cyrurgiens, paraissent plus nombreux que les médecins (1). Un seul, Cosme Jolivet, est qualifié « barbier et cyrurgien ». (E, an 1543, f° 38). Il existe encore en 1550. En 1575, on voit Bertin Combart ; en 1584, c'est Georges Petitjehan, qui avait épousé, en 1582, Marie, fille de Jean Lasche, boulanger. En 1588, Jean Giraudin est aussi chirurgien.

---

(1) Un autre « docteur en médecine » Jacques Ithié, était médecin de l'hôpital vers 1567. (Camille Dormois, l'*Hôpital de Tonnerre*, p. 99).

Mais il y a un praticien, en 1572, qui est qualifié « maître opérateur », c'est Pierre Combart, qui reçoit par échange un ouvroir
et deux chambres, etc., le tout situé rue Rougemont. (E. 665, f° 28).
Ce Pierre Combart taillait la pierre. En 1567, il est payé de trois
écus sol par le receveur de l'hôpital « pour avoir incisé et osté la
pierre à un jeune enfant » (1). Il était probablement fils de Jean
Combart, chirurgien-barbier du même hôpital (2). Cette profession
d'opérateur se perpétua jusqu'au dernier siècle. On voit encore
des *opérateurs* avec les médecins, etc. dans la liste des marchands
et autres professions autorisées par l'arrêt du Conseil du 7 décembre 1776.

II.

LA COUTUME DU COMTÉ DE TONNERRE.

Avant d'entrer dans le détail de l'histoire des mœurs et usages
des habitants de Tonnerre au milieu du xvi° siècle, nous dirons
quelques mots sur la Coutume ou l'ensemble des lois qui les
régissaient ainsi que les autres habitants du comté.

Le comté de Tonnerre jouissait au moyen-âge de coutumes
locales conservées par tradition, mais qui ne furent rédigées en
corps de lois qu'en 1496, puis recueillies et conservées dans son
précieux *Recueil* (3) par le savant Pierre Pithou, bailli de Tonnerre,
vers la fin du xvi° siècle. Ces coutumes traitent de tout ce qui
concerne les droits des seigneurs, les fiefs, les intérêts des bourgeois, les acquisitions, échanges et autres actes d'intérêts privés.
Il y est parlé de la main-morte et de son exemption par l'usage
du Gîte de Cruzy, curieuse institution des comtes pour s'acquérir
des bourgeois et qui consistait en la cérémonie suivante, énoncée
dans l'article 25 de la Coutume :

« Tous ceulx de la conté de Tonnerre, varlets ou pucelles, se
peuvent faire bourgeois de monseigneur le conte de Tonnerre, en
allant, le jour de leurs nopces premières au Giste de Cruzy en
payant les devoirs de bourgeoisie audit seigneur, et par ce moien
ne seront tenus lesditz bourgeois de deffendre pardevant les sei-

---

(1) Camille Dormois, *Notes historiques sur l'hôpital de Tonnerre*, etc.
p. 99.

(2) *Ibid.*, p. 92 et 99.

(3) Bibl. de Tonnerre, *Recueil de Pierre Pithou*, t. I, p. 94 et suiv.
Ces coutumes ont été publiées par A. Challe, *Histoire du comté de Tonnerre*, Auxerre, 1875, in-8°, p. 220.

gneurs de la conté et aultres, synon en cas que les bourgeois sont tenus de respondre pardevant les gens du roy, et s'ils sont francs de toute servitude de morte-mains et dixième envers les seigneurs où ilz sont demeurans, et doibvent lesditz bourgeois de Cruzy ledict jour de leurs nopces, eulx faire enregistrer par le prévost ou chastellain dudict Cruzy, pour avoir certification du debvoir qu'ilz ont faict. »

Les droits de main-morte ne s'exerçaient plus depuis longtemps à Tonnerre, par suite de l'affranchissement des habitants, mais on en voit encore l'application dans beaucoup de villages du comté pendant les xv° et xvi° siècles (1), ce qui amenait de nombreux clients au gîte de Cruzy. Ces droits ne s'exerçaient plus sur les personnes, mais seulement sur les biens des mainmortables, et à certaines conditions. Ainsi, à La Chapelle-Vieille-Forêt, une femme nommée Symonne Goyard étant morte « sans hoir de son corps » et n'ayant pas disposé de ses biens avant son décès, le comte de Tonnerre, en vertu de son droit de main-morte, se saisit des biens de Symonne, que ses officiers revendirent au fils du mari de la morte. (E 648, 16 juillet 1543).

Cette manière de procéder en matière de main-morte était assez ordinaire : les parents du mort rachetaient ses biens moyennant une somme modique.

Les Coutumes étaient lues solennellement chaque année par le bailli du comte, au commencement de chaque assise que ce magistrat tenait en appel des causes des justices des dix-huit bailliages seigneuriaux et des prévôtés en dépendant (2). Il y avait au-dessus de lui le bailli royal de Sens, au tribunal duquel les habitants du comté de Tonnerre pouvaient appeler aux assises qu'il tenait pour le Tonnerrois neuf fois par an (3).

Les Coutumes locales du Tonnerrois eurent force de loi jusqu'à la promulgation, en 1555, de la Coutume de Sens, rédigée par les délégués de trois états des comtés de Sens, Tonnerre et Langres, en présence de Christophe de Thou et de deux autres conseillers du Roi. Alors les vieilles Coutumes tonnerroises furent déclarées indignes d'entrer au rang ou à la suite des Coutumes générales du bailliage de Sens.

(1) V. *Recherches sur le Tiers-État au moyen-âge dans les pays du département de l'Yonne*, par Max. Quantin. Auxerre, 1851, in-8°, p. 95 et suiv.

(2) Inventaire des titres du comté de Tonnerre au xvii° siècle. (Arch. de l'Yonne E 189, p. 81).

(3) *Conférences sur la coutume de Sens*, par Pélée de Chenouteau : détails historiques, 1787, in-4°, p. 540.

Cependant les contrats de toute nature entre particuliers, dont nous parlerons dans le cours du présent travail, sont évidemment inspirés de l'esprit des Coutumes du pays et en offrent la mise en pratique. On ne pouvait pas comme cela abandonner tout d'un coup les vieilles traditions et les vieux usages. Ces actes nous offriront donc en cela un sujet d'étude intéressant.

III.

LES MARIAGES.

Nous voici chez maître Petitjehan, qui va recevoir les contrats de mariage dressés conformément à la Coutume de Sens et de Tonnerre. Les parties stipulent toujours qu'ils se marient sous le régime de la communauté. Le contraire est une rare exception.

Mᵉ Petitjehan, après l'appel des noms des contractants et de leurs parents et amis, commence son acte par cette formule solennelle qui se reproduit plus ou moins dans tous les contrats de mariage que nous avons lus : « Lesditz N. et N. ont promis et promettent avoir et prendre l'ung l'autre par foy et loyauté de mariage, selon nostre mère sainte Eglise et la loy de Rome à ce accordant. »

Il y a des articles de ces contrats qui sont communs à toutes les catégories : telles sont les conditions de douaire attribué à la veuve, à prendre sur les biens de son époux, mais dont le chiffre varie suivant la fortune ; les frais de noces qui sont payés par moitié par le futur et le père de la mariée ; le retour des biens à la branche d'où ils sont venus en cas de mort d'un des époux sans enfants ; les meubles et acquêts, en cas de mort, demeureront au survivant qui acquittera les droits funéraux ; l'emploi de la moitié de la dot de la femme en achat d'immeubles qui lui seront propres.

Mariages riches. — Pendant le cours de leur longue pratique, MMᵉˢ Petitjehan, Levuyt et Jean Bouldrey n'ont pas reçu de contrats de mariage dépassant 1,500 livres en argent. Les plus riches bourgeois ou marchands de Tonnerre ne donnent pas davantage à leurs filles. On voit ensuite des contrats de 1,400 livres, 1,200, 1,000, 700, 500 et moins encore (1).

Parcourons quelques contrats dans le détail. En 1553, noble Raoul Perseval, receveur des aides à Tonnerre, qui n'avait pas cru déroger en épousant Huguette de Channes, fille d'un mar-

_____

(1) Voyez § XV la valeur de ces sommes en monnaie actuelle.

chand, reçoit d'honorable Jean de Channes, père de la future,
1,500 livres de dot ; mais les futurs ne se marient pas sous le
régime de la communauté en biens, et dérogent à la Coutume de
Sens sur ce point.

En cas de mort de son mari, la future reprendra sa dot sur les
biens de ce dernier « avec ses habits tant de drap de soie que
autres, servant à son usage, ses bagues ou joyaux ou 120 écus
d'or. Elle prendra aussi sa chambre garnie, c'est-à-dire meublée,
ou 300 livres, au choix des héritiers ; et s'il y a douaire, il sera de
300 livres de rente sur tous les biens de son mari. En cas d'existence d'enfants, le survivant en aura la tutelle avec un ou deux
parents nommés par autorité de justice. Le contrat fut passé
en présence de noble Claude de Dinteville, mère du futur, de ses
deux sœurs et de plusieurs fonctionnaires royaux de Tonnerre.

En 1560, M° Pierre Catin, bailli de Molôme et greffier en l'Élection de Tonnerre, marie sa fille Edmée avec M° Jean Delye, avocat
au présidial d'Auxerre. Les contractants sont assistés de leurs
parents.

M° Catin promet aux futurs 1,200 livres « pour tous meubles et
revenus des héritages de la future ; 100 livres pour la garniture
d'une chambre, et d'habiller honnêtement sa fille comme fille de
bonne maison, de trois robes, trois cottes et deux chaperons,
outre les habits de son fillage ». Il paiera aussi la moitié des frais
de noces.

La future sera « engeollée » (1) par son futur époux jusqu'à
60 écus d'or, c'est-à-dire qu'il lui fera cadeau de joyaux dont le
prix montera à cette somme. Elle prendra son douaire de 30 livres
de rente s'il y a des enfants, sinon le douaire sera de 40 livres
rachetables de 300 livres.

En cas de mort sans enfants, les biens propres à chaque
contractant retourneront à la ligne dont ils sont advenus, et la
future reprendra la moitié des 1,200 livres de sa dot sur les biens
de son mari ; l'autre moitié demeurera commune. Dans le cas de
mort, le futur prendra avant partage ses habits et sa chambre
garnie de lit et couchette « garnie honestement », et en outre ses
livres et son cheval ou pour icelui 15 écus. Si c'est la femme qui a
survécu, elle prendra ses bagues et joyaux et 50 écus. (E 656, f° 81).

M° Pierre Catin assiste encore, en 1565, au mariage de sa petite-
fille Geneviève, fille de M° Edme Cerveau et de sa fille Marie,
laquelle épouse M° Jean Boyvinet, procureur au parlement à Paris,

---

(1) Enjoller, enjoailler, donner des joyaux. (Lacurne de Sainte-Pallaye,
Dictionnaire, etc.)

mais d'origine tonnerroise. Les futurs reçoivent de Mᵉ Catin
60 écus d'or « qui ne seront pas sujets à rapport ». La dot de la
future est de 700 livres. Ses parents promettent « d'habiller leur
fille honestement ». Ils lui donnent un trousseau assez riche pour
le temps : un lit et couchette garni de douze draps de deux toiles
et demie (1), treize nappes, serviettes, deux douzaines de toile de
lye (?), et quatre douzaines de grosse toile avec deux coffres. Le lit
est garni « de cyel, couverte et custodes avec une quate-longue
qui est pour le serpault (2) et trousseau de ladite future. »

Le futur emploiera 350 livres de la dot en achat d'héritages qui
seront propres à la future (3), laquelle aura 200 livres de douaire.
Enfin le futur « engeolera » sa future comme bon lui semblera.
C'est, nous l'avons vu, le cadeau de noces en bijoux.

Ces contrats et d'autres du même genre nous suggèrent diverses
remarques.

En passant un contrat de mariage chez les gens aisés du XVIᵉ
siècle, à Tonnerre, on pensait non seulement à la dot, mais encore
à meubler la chambre de la future, pour lequel objet on dépense 100
livres. Les meubles qui la garnissent ne sont pas encore luxueux.
En cas de mort d'un des conjoints, le survivant pourra, d'après
leur contrat de mariage, reprendre sa chambre « garnie de son
lit, couchette, banc, table, escabeaux, buffet, avec quarante livres
de vaisselle d'étain (4) ».

On a vu plus haut, dans un contrat de 1565, la mention de
deux coffres comme meubles de dot. Ces coffres en chêne, dont
quelques-uns ont été conservés, étaient, chez les gens riches,
ornés de sculptures et d'une serrure à plaque à jour. On y serrait
les vêtements des grands jours, le linge, les objets précieux.

Le chiffre des cadeaux en joyaux que devait faire le futur est
souvent fixé. Un autre article assez curieux porte que les présents
faits aux mariés à l'occasion de leurs noces, leur appartien-
dront.

Mariages moyens. — Nous classerons sous cette rubrique des
contrats qui sont d'une valeur de 400 livres et au-dessous, jusqu'à
100 et 50 livres, ces deux derniers étant les plus communs. Les

---

(1) Deux toiles 1/2, c'est-à-dire 2 lés 1/2, et le lés étant d'une aune ou
1ᵐ20 de large, cela fait des draps de 3ᵐ de large.

(2) Le serpault, *serpol*, dans le *Dictionnaire de l'ancien langage fran-
çais* de Sainte-Pallaye, est le trousseau d'une future mariée, ainsi que
nous le trouvons dans nos contrats de mariage.

(3) Cette condition est ordinaire.

(4) Contrat du 2 septembre 1543 (E 648).

conditions générales y étant les mêmes que pour les contrats de la classe aisée, nous ne signalerons que les faits particuliers.

Dans le contrat de mariage de Nicole, fille de feu Étienne Michot et de Catherine Canelle, avec Jean Loreau, tissier en draps, sa mère, veuve d'un second mari, la dote de 100 livres, dont répond Jean Canelle, Élu pour le Roi à Tonnerre, oncle de Nicole. La moitié de cette somme sera employée en achat d'héritages qui seront en propre à ladite future. Elle aura 50 livres de douaire, s'il y a lieu.

Voici la liste de son trousseau : deux robes, deux cottes et deux chaperons de drap de couleur neufs ; son lit garni de six draps (1), ciel, dossiers, custodes et couvertures, et un coffre de chêne (1549, E 650, f° 9).

Ce trousseau se retrouve dans un certain nombre de contrats du même temps ; il n'y a que de simples variantes : on peut en conclure que c'était là le mobilier ordinaire d'une mariée de la condition moyenne.

Il est rarement parlé du trousseau du futur ; il n'avait qu'un mince équipage. En 1581, Jean Moreau, tonnelier, s'engage seulement à habiller son fils d'un saye (2) et d'une paire de chausses de drap.

On remarque, dans d'autres actes, des détails qui complètent le sujet.

Pierre Guillot, serrurier, épouse Nicole, fille de Jean Pyat, laboureur à Coussegré. Celui-ci habille sa fille d'une robe noire, doublée de demi-hostade (3), de deux cottes, l'une noire et l'autre rouge, le tout de bon drap (1560, 21 juillet, E 656).

La future reçoit en outre une rente de 10 bichets de froment, qui lui sera payée pendant douze ans, et un sien oncle lui promet 50 livres et la moitié d'une petite maison en appentis qu'il a reconstruite « depuis le feu, » et qui est située au faubourg Saint-Michel.

La couleur noire, choisie pour des vêtements de noce, paraîtra singulière ; cependant elle était de règle, nous la voyons employer dans plusieurs autres actes de cette espèce.

Le douaire, dans ces actes, varie depuis 10,25 à 40 livres, 50 et jusqu'à 80 livres.

---

(1) Le nombre des draps est quelquefois de 4, mais plutôt de 6. — Dans un acte de 1575, 27 décembre, la mère de la future lui donne un lit de plume et une couverture de drap vert.

(2) Saye, vêtement de laine en forme de blouse.

(3) Espèce de serge d'Arras, petite étoffe mêlée de laine et de poil. (Lacurne de Sainte-Palaye, *Dictionnaire*, etc.)

Le futur « engeole » sa future de bagues et joyaux pour des sommes très variables : Étienne Godin pour 100 sous, Laurent Messager, tonnelier, pour 25 livres ; Claude Petit et Edme Chailley, praticien, pour 10 écus ; d'autres « à leur discrétion. » Quelquefois le futur donne à la future une ceinture d'argent valant 100 sous.

Joachim Caron, menuisier, natif de Noyon, épouse la veuve Loppin. Outre les clauses que nous connaissons sous des aspects variables, ajoutons-y la suivante :

En cas de mort d'un des conjoints, le survivant reprendra son lit garni de six draps, la « couverte » du lit ou 100 sous ; chaslit, table, tréteaux, une demi-douzaine d'escabeaux, un buffet et un banc, avec ses habits, bagues et joyaux ; et si c'est le mari qui survit, les outils de son métier. Dans d'autres contrats, il n'est pas fait mention de meubles, mais on y ajoute un cheval pour le mari, « s'il y en a, » estimé 20 livres, et une vache pour la femme, valant le même prix.

Outre la dot en argent, les parents des futurs leur donnent des pièces de terre ou de vigne ; mais le cas est assez rare.

Mariages des pauvres gens. — Pierre Ravigneau, manouvrier, et Claude Pasqueau contractent mariage le 21 décembre 1569, mais l'acte est court : après les formules ordinaires, point de mention de dot ni de douaire. En cas de mort, le survivant prendra son lit, un coffre, ses bagues (1) et habillements à son usage.

Pierre Dryotton, scieur de long, et Marguerite Chevescure, contractent mariage, et comme ils n'ont rien apporté en dot, le notaire suppose qu'il en sera de même à la mort de l'un d'eux, et il consigne négligemment ces conventions : « prendra le survivant son lit garni tel qu'il sera lors du décès, » avec ses habits et un coffre, « si aucun en y a. » (1er janvier 1573).

Les contrats de cette catégorie ne varient guère, et ils se terminent par cette phrase banale : « le surplus sera réglé par les us et coutumes de Tonnerre. »

En fait d'anecdotes sur les mariages, en voici une qui est de tous les temps et que nous trouvons dans nos protocoles. Nicolas Merle, de Brienon, tissier en toiles, était venu chercher femme à Tonnerre. Le contrat de mariage était convenu avec Barbe Lesourt, lorsqu'une abandonnée, Huguette Regnard, arrive et s'oppose à l'exécution du projet, « attendu les promesses que icelle Huguette maintient avoir été faites en léaulté de mariage par ledit Merle. » En présence de cette opposition, qui était pro-

(1) Bagues n'est pas pris ici dans le sens d'anneaux, mais de bagage.

bablement justifiée, les complices renoncent à leur projet et déclarent que chacun d'eux se mariera comme bon lui semblera. (1566, 23 décembre).

A l'instar des grands, qui mariaient leurs enfants en bas-âge, voici un mariage de jeunes enfants de laboureur et d'ouvrier, celui d'Edmond Dudot, laboureur à Vauplaine, avec Catherine Rodyen, fille mineure de feu M. Rodyen, scieur-de-long, assistée de son parrain et de ses cousins. Elle est assez aisée et possède une pièce de vigne de 8 à 9 hommes, et une maison et un jardin au faubourg de Rougemont. C'était alléchant pour le père de Dudot, aussi fait-il les offres les plus séduisantes au parrain de la petite fille pour réussir. « Et, dit-il, pour ce que lesdiz Edmond Dudot et Katherine Rodyen sont jeunes enfanz, qui pcur le présent ne pourroient encore gaigner leur vie, il promet iceux nourrir et entretenir d'habillements et les tenir avec luy le temps et terme jusqu'à ce qu'ilz soyent espousez, pendant lequel temps il a promis de faire de toute façon la pièce de vigne de la petite fille, d'entretenir sa maison, etc. » Le futur beau-père promet d'habiller honnêtement son fils comme un fils de laboureur, et Catherine, qu'il veut séduire, d'une cotte rouge, une robe noire, un chaperon et autres vêtements nécessaires, selon son état. Les futurs demeurant chez leur père y feront « la besogne selon leur puissance. » (23 décembre 1566).

IV.

BAUX D'ENFANTS A NOURRITURE.

Les enfants orphelins de père ou de mère sont placés, d'après la loi, sous l'autorité de tuteurs, qui s'empressent, à la mort de l'un ou de l'autre de leurs parents, de les mettre à *bail à nourriture*, soit chez le père ou la mère qui leur reste, soit chez l'un de leurs oncles ou d'autres parents, ou bien chez l'un de leurs tuteurs et même chez des étrangers. On trouve naturellement un grand nombre de ces baux dans les protocoles de Tonnerre. Ils peignent sur le vif les usages du xvie siècle.

Le preneur, quand c'est un étranger, commence par promettre « de traiter doucement, comme son propre enfant, nourrir, tenir, chauffer, vêtir, coucher et héberger, » ou encore « garder de faim et de froid, » l'enfant qu'on lui offre de prendre à bail. C'est la formule ordinaire. La durée du bail varie selon l'âge des enfants, qui sont quelquefois pris à la mamelle, et va jusqu'à 15, 16, 18 et 20 ans. Les filles sont mises à bail jusqu'à leur mariage.

Le même preneur reçoit, en conséquence, la gestion des biens des mineurs, s'ils en ont, et il en touche les revenus. Il prend pour lui les meubles dont ils ont hérité, mais il paie les frais funéraires de leur père ou de leur mère défunts.

Il s'agit ensuite de l'habillement des enfants. Le preneur les entretient d'habits et de chemises, « selon leur état. » Les vêtements sont ordinairement, pour les garçons, d'un saye, une paire de chausses de bon drap gris-noir ou de blanchet et un pourpoint de toile, et de plus, une paire de souliers, deux chemises, avec un bonnet ou un chapeau de 20 sous ; pour les filles, deux robes, dont une doublée, un cotillon, une paire de manches, le tout de bon drap de couleur, et un devantier.

On fait quelquefois mention d'un manteau pour un garçon, mais c'est rare.

Pendant la durée du bail, ces vêtements ont été souvent raccommodés et même remplacés. En prévision, le bailleur s'engage à les renouveler alors. Il promet à un garçon un saye, une paire de chausses et le reste comme au commencement du bail.

Les filles sont mieux traitées ; elles reçoivent un lit garni, deux draps, ou pour le lit et les draps, 6 livres, une cotte de drap noir, outre leurs habits (E 659, an 1566).

D'autres ont un lit g rni de quatre ou six draps, une robe et un chaperon de drap noir, et quelquefois un coffre de chêne. (E 650, an 1549, f° 21).

Ces trousseaux pour les filles sont la préparation à la dot du mariage. (Voyez ce paragraphe).

Mais il ne s'agit pas seulement de la vie matérielle, il faut aussi penser à l'éducation. Outre l'instruction religieuse, dont le bail à nourriture ne parle pas, mais qui va de soi, il est dit dans les actes que le preneur devra « envoyer les mineurs à l'escole et leur faire apprendre leur créance, à lire, à écrire, pendant cinq ans. » (E 663, 23 juin 1572). D'autres actes portent des durées diverses, un, deux, trois, quatre et même six ans d'école. On devra payer les livres, l'encre et le papier.

Germain Luyson, qui prend à bail son propre fils, orphelin de sa mère, s'engage pour un an « de payer son escole et despense qu'il pourra faire en la maison de M° Lazaire, à présent recteur des écoles de Tonnerre. » (E 656, an 1560-61, 11 mars).

Après ce temps d'instruction, le preneur d'un jeune garçon lui fera apprendre un métier, « celui qu'il voudra choisir, » ou le sien propre. On verra les détails de cet objet dans le cours de ce travail.

Les jeunes filles, qu'elles soient allées ou non à l'école, devront apprendre « l'état de couture. » Nous avons vu, dans nos recherches, que les filles sont bien moins souvent envoyées à l'école que les garçons. Nous en citerons cependant une qui fait exception. Catherine Levuyt, âgée de six ans, fille de Bertin Levuyt, contrôleur des deniers communs à Tonnerre, orpheline de mère, est placée par son tuteur chez Sébastien David, praticien, pour huit ans, « pendant lequel temps il l'envoyera et entretiendra à l'escole pour lui apprendre sa créance et heures de Nostre-Dame (1), et lui fera apprendre la costure, au moins mal qui pourra et à sa bonne discrétion. » Ce qui doit faire supposer que la petite fille n'avait pas beaucoup de goût pour la « costure. »

Une exception bien rare dans ces baux, c'est la réserve d'une mère « que elle pourra mettre ses enfans à maistre pour servir, et qu'elle prendra le prix de leurs gages. » (E 648, 1544, 23 mai).

V.

BAUX A APPRENTISSAGE. — LOUAGE D'OUVRIERS ET DE DOMESTIQUES.

Après le bail à nourriture, vient le bail à apprentissage, qui en est comme la suite, au moins pour la plupart des enfants qui sont orphelins et placés alors par leurs tuteurs. (V. E 648, f° 244, E 652, f° 219, E 655, f° 48, E 660, f° 89, 2° cahier et autres).

Nous donnerons ici la nomenclature d'une partie des métiers ou professions auxquels sont mis les apprentis, avec le nombre d'années de la durée de l'apprentissage :

Boulanger, deux ans; boucher, deux ans; charpentier, quatre et six ans; bourrelier, trois ans; chirurgien, un an; couvreur, quatre ans; drapier, quatre ans; maçon, deux et quatre ans; menuisier, trois ans; pâtissier, deux ans; tanneur, deux ans; tissier en draps, trois ans.

Maître Petitjehan, qui met des formes polies dans la rédaction de ses actes, n'épargne pas les épithètes dans ses contrats à apprentissage et s'exprime en ces termes pour un futur char-

_____

(1) Il se rencontre quelquefois des contrats de mariage où figurent des signatures de jeunes filles ou de femmes, témoin celui de Pierre Brouché, fils du gruyer au comté de Tonnerre, et de Françoise Cerveau, avec Agathe Cerveau, fille de l'avocat de ce nom et de Marie Catin. Ces trois femmes signent au contrat et aussi à la déclaration d'annulation qui en fut faite le 16 novembre suivant. (E 662, 14 mars 1571). On peut supposer que le degré d'élévation sociale de ces personnes était la cause de leur instruction.

pentier : Maitre Antoine Bouterou, charpentier à Tonnerre, prend en apprentissage, pour six ans, Antoine Déard, pendant lequel temps il sera tenu de le nourrir, entretenir de tous habillements, chaussure, etc., selon son état, lui montrer et apprendre « l'art et science de charpentier. » Les six ans expirés, il lui donnera « une grande cougnée de charpentier, et a promis luy bien monstror l'art et science de charpentier, comme un bon maistre doit et est tenu de le faire. » (E 655, 3 janvier 1556/7, fᵒ 43).

Ordinairement ce sont les parents ou les tuteurs qui entretiennent d'habits l'apprenti, le maitre n'est chargé que de lui fournir des souliers. De plus, les parents paient au maitre des sommes qui varient de 10 à 50 livres. Mais ce dernier promet, pour la fin du bail, d'habiller tout à neuf son apprenti, et le détail de ce costume est le même que celui des jeunes garçons donnés à bail à nourriture : un saye de drap noir, un pourpoint, une paire de chausses haut et bas, un bonnet ou un chapeau de la valeur de vingt sous, deux chemises et une paire de souliers. (E 663, 12 août 1571).

En 1567, un nommé Batillat est mis en apprentissage pour un an, chez maitre Jean Combat, chirurgien, « qui lui montrera l'art et science de cirurgien, » moyennant 20 livres. Après un tel séjour chez maitre Combat, le nouveau chirurgien ne devait pas être de la force d'Ambroise Paré. Le contrat est signé de son maitre et de Jean Seurat, autre chirurgien. (E 658. 12 avril 1567, fᵒ 94).

Didier Pajot, jeune garçon orphelin, était « de petite et linge complexion, non puissant de labourer es vignes, ny faire aucune besoigne qui requière force de corps. » Il voulut apprendre le métier de cordonnier, et son tuteur le proposa à plusieurs maitres de cet état. Ceux-ci l'auraient accepté volontiers, mais moyennant finance. Sur quoi le tuteur adressa requête au prévôt d'Épineuil, pour pouvoir vendre un journal de terre qui appartenait à Didier. Un cordonnier, qui voulait bien de Didier, acheta la pièce de terre pour 13 livres, et fut ainsi payé d'avance. (E 656, 4 juillet 1560).

Un autre bail à apprentissage, où se montre l'humilité des pauvres gens du temps, est celui d'un garçon impotent, à qui son tuteur fait apprendre à jouer de la vielle « pour avoir moyen de maindier sa vye. » Il vend ensuite une hâte de terre pour payer cet apprentissage et lui acheter une vielle. (E 663, fᵒ 160, an 1571, 31 décembre. (V. *Analyses d'actes divers*, p. 417).

Un bail assez rare est celui d'une jeune fille que sa mère, servante chez l'abbé de Saint-Michel, met en apprentissage chez Denise Regnier, couturière à Tonnerre, pour un an, et moyennant

8 livres et un bichet de froment et méteil (E 660, 10 août 1569).

Le louage d'ouvriers perdevant notaire est encore un usage tombé en désuétude aujourd'hui. On voit, en 1576, Pierre Copperot, charpentier, se louer pour un an à maître Tessuot, de la même profession, à condition d'être nourri, habillé et couché, et de recevoir à la fin de l'année la somme de 12 livres. (E 663, f° 26).

Un maréchal, nommé Seurre, prend à bail la maison d'un confrère défunt et loue de sa veuve, pour deux ans, les outils du métier du mort, savoir : une enclume, une bigorne, six paires de tenailles, deux gros marteaux, une paire de soufflets et la troière (?) d'iceux avec le bois, le tout moyennant 60 sous par an. (E 661, 23 juin 1569, f° 21).

Un autre mode de location est celui des domestiques. Nicolas Bourgogne, vigneron à Commissey, loue pour un an Nazaire Mydrey, laboureur à Tonnerre, pour le servir « en toutes ses affaires licites et raisonnables. » Moyennant cela, Nicolas Bourgogne sera tenu de le nourrir, coucher, héberger, et de lui bailler deux chemises de toile neuves, une paire de solliers semelez tout à neuf et 12 livres d'argent, de quart en quart. » (E 663, 23 septembre 1571).

VI.

BAUX A VIE OU A TEMPS DE PERSONNES AGÉES.

On trouve encore, dans nos protocoles, quelques baux à vie de personnes âgées et veuves, qui se mettent en pension chez leurs enfants. Un de ces actes porte que la contractante le fait « pour la débilité de sa personne, aussi qu'elle est vieille, venant sur ses derniers jours, au moyen de quoy ne sauroit plus bonnement œuvrer ne gaigner sa vie. » Son gendre promet de lui payer 12 livres à la Saint-Jean et 20 deniers à chaque bonne fête solennelle, qui fera quatre gros par an (1). (E 648, 5 juillet 1543).

Un habitant de Tonnerre, honorable homme Gaspard Parisot, marchand, se met en pension pour un an, chez son fils, Ithier, aussi marchand. On verra aux *Analyses d'actes divers* (E 670, an 1577), les curieux détails de cette prise à bail ; ajoutons seulement ici qu'outre des vêtements qu'il fournira à son père, qui est à l'aise, Ithier lui donnera chaque dimanche 12 deniers.

(1) Le gros valait 2 s. 6 d., ce qui, en comptant six grandes fêtes dans l'année, faisait pour les 4 gros 120 deniers et 20 deniers par chaque fête.

Jean Bernardin aîné, vigneron à Épineuil, « considérant son ancien âge et la faiblesse et débilité de sa personne, désirant soy occuper doresnavant à servir Dieu pour le salut de son âme, » donne tous ses biens à son gendre, à condition d'en recevoir « toutes ses nécessitez. » (E 651, 1550, 3 février).

VII.

TESTAMENTS. — DONATIONS DIVERSES.

Une espèce d'actes assez rare dans les protocoles de Tonnerre, c'est celle des testaments. Il semble que les baux à nourriture des personnes âgées en tenaient lieu. Cependant nous en rapporterons deux, celui d'un vigneron, Thomas Dif, et celui d'une femme Mitaine, lépreuse, qui tous deux désignent le cimetière de l'hôpital des Fontenilles pour le lieu de leur sépulture. On y voit énoncées les messes qui seront dites aux églises, chapelles et confréries ; les services du bout de l'an, etc. L'un des testateurs recommande qu'en vendant ses biens pour remplir ses intentions, ses exécuteurs ne fassent pas « grande formalité de justice. » (E 651, an 1550, fᵒ 276 ; E 661, 1571, fᵒ 44 ; E 683, 14 août 1587).

Les protocoles contiennent aussi des donations entre mari et femme, ou à des proches, ou à des étrangers. Nous citerons comme exemple du style littéraire du notaire, sans doute inspiré par les contractants, celle d'entre maître Claude Abraham, praticien, et Guillemette Piget, sa femme, qui se font « donation au dernier survivant. » Le tabellion rend ainsi leurs sentiments : « Considérans les grandz amours, services, mollitez et affections qu'ilz ont euz ensemble et faictz l'ung à l'aultre durant leur mariage, et font encore de jour en jour, voulans et désirans de tout leur pouvoir récompenser l'ung l'aultre pour le temps advenir, et ad ce que ung chacun d'eulx, tant comme il vivra, puisse mieux son estat soustenir, se sont fait entre eux le don mutuel de leurs biens, etc. » (E 650, 12 novembre 1549).

VIII.

ÉCOLES. — ÉTUDIANTS A PARIS.

Nous avons vu aux baux à nourriture, § IV, l'obligation imposée aux preneurs d'enfants de les envoyer à l'école. Nous avions déjà, dans un travail spécial (1), constaté l'existence d'écoles dans le

(1) Histoire de l'instruction primaire avant 1790 dans les pays formant

Tonnerrois au XVII° siècle. Mais nos recherches actuelles nous ayant procuré la découverte d'écoles existant au XVI° siècle, nous en rendrons compte pour compléter l'histoire du Tiers-État dans ce pays.

A Dannemoine, c'est Eloy Carrey qui est recteur des écoles en 1567. Il se dispose à faire un voyage qui peut être long et il vend à son gendre Mathieu Massey, charpentier, son mobilier montant à 63 livres. En cas de mort de son beau-père, Massey rendra à Jeanne Carrey, seconde fille d'Eloy, la moitié de la somme ci-dessus relatée. (E 658, f° 62).

En 1553, Guillaume Fournier, maître des écoles d'Epineuil, achète une maison au prix de 35 livres. (E 653, f° 77).

A Etourvy, village aujourd'hui du département de l'Aube, mais frontière de celui de l'Yonne, Philibert Rocher, clerc, y est « de présent recteur des écoles » et vend un quartier de vigne situé à Béru, moyennant 9 livres. (E 648, f° 208, an 1543).

Avant l'érection du collége de Tonnerre, en 1571, les écoles étaient régies par des maîtres d'un certain rang. Nous en avons signalé plusieurs dans notre *Histoire de l'instruction primaire avant 1790*. En voici quelques autres tirés des protocoles.

En 1550, c'est M° Jean Dugny, né à Paris, qui prend le titre de recteur des écoles de Tonnerre, que lui conteste M° Olivier Farin, prêtre, natif d'Elbeuf, et qui se dit également recteur desdites écoles. Tous deux font valoir leur titre, basé sur le choix des échevins de Tonnerre et l'approbation du chantre du Chapitre de Langres. Une transaction sur procès a lieu entre eux et Dugny abandonne à Farin tous ses droits et lui fait la remise, moyennant 6 écus d'or, de ses lettres de permis d'exercer. (Voyez *Analyses d'actes divers*, E 650, f° 213).

En 1560-61, M° Lazaire, recteur des écoles de Tonnerre, reçoit le fils mineur de Jean Luyson, qui doit aller à l'école pendant un an. (E 656, f° 105).

En 1570-74, les échevins de Tonnerre logent encore les écoles dans la rue Bourberault. (E 661, f° 87, voir *Analyses d'actes divers*, p. 41).

Au XVI° siècle, l'entretien d'écoliers, à Paris, par des familles de Tonnerre, n'était pas chose plus extraordinaire que dans d'autres villes, et l'on en voit sortir des gens de toutes les conditions du Tiers-État, même des plus étrangères aux études. Les parents des

le département de l'Yonne. Auxerre, 1874, in-8°. (Extrait de l'*Annuaire* de 1875).

jeunes gens leur créent des resssources de différente nature pour subvenir à leurs dépenses.

Jean Petit, vigneron, et sa femme délaissent à leur fils, « estudiant à Paris, une maison dont il percevra les loyers, et iceux appliquera à sa dite estude et sollagement. » (E 653, f° 51, 3 septembre 1553).

Mᵉ Jean Jazu, licencié en lois, élu en l'Élection de Tonnerre, cède à son fils Nicolas « étudiant en l'université de Paris, en faveur de son estude », diverses rentes montant à 29 livres et 25 bichets de froment et avoine, à prendre sur des terres à Tonnerre. (E 652; 1552, 14 novembre).

En 1556, Jean Cerveau, tanneur, fait don à Mᵉ G. Grongnet, frère de sa femme, écolier étudiant en l'université de Paris, fils de honorable homme Guillaume Grongnet, marchand, de 36 livres 16 sols de rentes dues par divers particuliers sur obligations, et il ajoute « que c'est pour luy aider à l'entretenir à l'escole et qu'il puisse parvenir à bien acquérir degrés en ladite université ». (E 654, f° 177).

On pourrait multiplier ces exemples qui montrent combien, déjà au XVI° siècle, la culture intellectuelle était développée et avait pénétré dans les classes les plus ordinaires.

IX.

LÉPREUX.

Au XVI° siècle, les lépreux n'avaient pas perdu la libre disposition de leurs biens, si le danger de leur maladie les faisait séquestrer du monde et priver de la liberté de leurs personnes. Nous avons vu déjà, au § *Testaments*, Léonarde Régnier, femme Mitaine, « malade de lespre et d'aultres maladies, telles qu'il plaist à Notre-Seigneur Jésus-Christ la détenir en infirmité et maladye, toutefois saine d'entendement, » faire son testament en présence de ses oncles, (E 661, 1571). Un autre lépreux, Etienne Dubar, « malade de la lèpre en la maladerie de ceste ville de Tonnerre », vend, en présence de sa femme, à un habitant de Junay, un petit canton de place en ce lieu, près de la porte d'en bas, moyennant 50 sous. (E 670, an 1577).

Ces deux lépreux sont les seuls que nous ayons rencontrés dans les protocoles. La lèpre semblerait, d'après cela, avoir à peu près disparu du pays au milieu du XVI° siècle.

X.

ASPECT DES MAISONS. — DISTRIBUTIONS INTÉRIEURES. — PARTAGES, PRIX, BAUX DE MAISONS. — MOBILIER.

Aujourd'hui, à Tonnerre, comme dans toutes les villes un peu au-dessus des bourgs, on voit s'élever des maisons à larges magasins ornés de glaces et surmontés quelquefois de deux ou trois étages, sans compter le comble. Les maisons qui n'ont qu'un étage sur rez-de-chaussée sont communes. Celles à simple rez-de-chaussée sont plus rares et se rencontrent encore dans les rues latérales. Les façades à pignons se voient aussi dans les vieux quartiers, notamment en Bourberault.

Il n'en était pas de même au XVIᵉ siècle. Le pignon régnait partout, ce qui donnait un air pittoresque aux façades des maisons, n'eussent-elles qu'un étage au plus, faisant saillie sur le rez-de-chaussée, comme c'était l'ordinaire. Les maisons sont étroites, n'ont qu'une chambre au rez-de-chaussée, et dans celles des marchands un « ouvroir » devant. Souvent le rez-de-chaussée est simplement surmonté d'un grenier ; un escalier de pierre en colimaçon sert pour y monter. Les maisons plus importantes ont un premier étage avec galerie, une seule chambre et rarement deux et un cabinet ou garde-robe à chaque étage. Le grenier et un comble aigu surmontent le tout. Au-dessous de la maison est une cave voûtée, et quelquefois un appentis y est joint par derrière. Il n'est pas rare de voir de petites maisons bâties en appentis (1).

Le bois et la pierre composent les matériaux des édifices. Derrière la maison sont les dépendances plus ou moins grandes : cour, grange, écuries ou « étables à chevaux », latrines ou « chambres aisiées », quelquefois un jardin, surtout dans les faubourgs.

Une allée voisine dessert les deux maisons contiguës. Une « vif » commune sert à monter aux étages supérieurs. Les fenêtres sont à croisées ou à chassis appelés « guillotines », se relevant verticalement et encadrés dans des rainures.

Au milieu des pignons qui régnaient le long des rues tortueuses contournant les pentes de la montagne, émergeaient çà et là quelques édifices publics : au sommet, le fort et l'église Saint-Pierre ;

(1) Appentis, demi-comble en auvent à un seul égout, appuyé à une muraille et soutenu par des piliers. (Littré, *Dictionnaire*).

en face, sur la hauteur, l'abbaye Saint-Michel ; au centre, la belle église Notre-Dame, à la tour à peine commencée et que l'incendie allait bientôt ruiner ; l'Hôpital des Fontenilles, qui étendait dans la plaine ses vastes édifices ; enfin l'église Saint-Aignan.

Le vieux château de Montmellian montre encore çà et là ses pans de murs écroulés qui servent de carrières aux habitants pour l'entretien des murailles de l'enceinte de la ville. Il n'y restera bientôt plus qu'un montant de la porte auquel les vassaux viendront se prendre pour faire foi et hommage de leurs fiefs (E 655, an 1556. fᵒ 38) en l'absence du comte, qui ne réside plus guère dans sa ville et qui fait élever une superbe demeure dans le style nouveau, à Ancy-le-Franc.

Partage des maisons. — Il n'est plus ordinaire, à notre époque, de voir une maison appartenir à deux ou trois propriétaires qui l'occupent. Chacun aime à être chez soi, et ce n'est guère que les vieilles maisons qui sont encore ainsi partagées et dont le rez-de-chaussée appartient à l'un et le premier étage à l'autre, et dont quelquefois même des chambres du même étage sont divisées entre deux propriétaires.

A Tonnerre, au XVIᵉ siècle, c'était un état de choses ordinaire. On partage les maisons entre des héritiers comme on le voit faire encore dans certains villages pour les terres fertiles dont les portions sont quelquefois si minimes qu'on peut à peine les labourer.

A part les maisons entières, dont la vente est précise (1), on voit vendre des moitiés de maisons (E 676, 15 mars 1589), des maisons qui n'ont qu'une « chambre basse et ouvroir, cave et grenier », entre deux, trois et quatre acquéreurs. On vend même un huitième de maison (E 669, an 1576) et un vingt-quatrième (E 676). On doit, sans doute, entendre dans ces cas-là le droit de l'héritier qui vend sa portion comme on vend aujourd'hui un huitième d'agent de change. Mais ce qui montre bien la présence d'un acquéreur *habitant*, c'est la vente d'un premier étage à un seul individu, sous le titre de « chambre haute avec grenier », et la vente du dessous à un autre propriétaire, et encore, sur la totalité de cette chambre haute et grenier, se doit prendre « la sixième partie d'icelle qui appartient à Marguerite Jacob, par indivis ». (E 665, 10 septembre 1572). On vend encore le cinquième de la moitié d'une maison (E 651), le quart d'une cave et d'une place derrière avec passage commun ; un ouvroir avec trois huitièmes de chambre haute. (E 669).

(1) Voy. E 263, p. 125, maison importante ; E 672, p. 34 et 79.

Il est évident, disons-nous, que la plupart de ces ventes n'ont pas pour conséquence l'habitation par l'acquéreur, car il y serait terriblement à l'étroit. Cependant, il est des cas qui ne laissent pas de doute sur l'occupation de la chambre ou de partie de chambre par un acquéreur. Dans un partage de la succession de Jean Fyot, praticien à Tonnerre, et sa femme, entre leurs quatre enfants et gendres, Claude, l'aîné, prend pour sa part de la maison de feu son père, sise grande rue montant du Pilory au Perron, « la moitié d'une chambre basse de telle hauteur qu'elle est, à icelle partir de travers », et l'autre moitié est dévolue à son frère; « et se fera aux dépens d'iceux un pan de bois assis droit au milieu de ladite chambre ». De plus, ils se partagent l'ouvroir qui est devant. Les chambres hautes, la cave, les étables qui sont dans la cour et une autre maison sont aussi partagées entre les cohéritiers (1).

Suivant la relation de Mᵉ Antoine Petitjehan, témoin oculaire et victime, la ville de Tonnerre fut détruite par le feu le 8 juillet 1556. « Toutes les églises et maisons qui estoient serrées dans cette belle enceinte de murailles garnies de belles portes et tours furent totalement brûlées et consumées, excepté l'hospital (2) ».

Les protocoles du tabellionnage donnent à ce sujet de nombreuses confirmations de la relation de Petitjehan. Lui-même a vu brûler sa maison et fut obligé de transporter son étude « en Bourberault ». (E 655). Son dernier registre d'avant le feu s'arrête au mois de mai et le suivant ne reprend qu'au 1ᵉʳ octobre 1556, « l'année du grand feu dudit Tonnerre. » Depuis lors, pendant plus de vingt ans, on voit mentionner des ventes de terrains et de places incendiés dans plus de vingt rues de la ville et des faubourgs; et comme il y avait plusieurs notaires à Tonnerre, on doit supposer qu'il y a eu encore d'autres ventes de même nature dans leurs minutes (3).

Depuis ce triste évènement, les propriétaires de maisons « ruinées et pleines de bestun (4) », places vagues et masures, rebâtissent leurs demeures ou vendent les places à d'autres habitants. (E 655, 1556-1557, 1560, E 656, etc.)

Prix des maisons. — La valeur des maisons varie suivant leur importance et la rue qu'elles occupent dans la ville.

(1) Voir le curieux procès-verbal de partage des biens de Jean Fyot et de sa femme. E 648, fᵒ 435 et suiv.

(2) *Histoire de Tonnerre*, par Petitjehan, manusc. bibliot. de la ville, cité par M. l'abbé Bureau, *Histoire de Tonnerre*, p. 67.

(3) Les registres et notes de Chenu, notaire ont été brûlés. (E 655, fᵒ 123).

(4) *Bestun*, graviers et décombres.

Le chiffre le plus haut auquel nous ayons trouvé, dans les protocoles, qu'une maison ait été estimée, est 1,310 livres ; elle était située rue des Forges. Une deuxième maison de la même rue est estimée 1.000 livres ; mais une troisième, bien plus petite, ne vaut que 120 livres. La maison où demeure Jacques de Charmes, apothicaire, située près du Pilory, et qui parait bien complète, est vendue 1,000 livres en 1565. (*Analyses d'actes divers*, E 657).

Dans un lieu dit « derrière l'Hôpital », une place, masures et dépendances sont vendues 700 livres. Au Perron, qui est au centre de la ville, on vend une maison 520 livres, une autre 230 livres. Dans la rue de Vaucorbe, une maison vaut 450 livres. Dans la rue Dame-Nicole, une maison vaut 120 livres ; un jeu de paume, rue de l'Hôpital, 120 livres.

Mais dans la rue Rougemont, qui est un faubourg habité par des vignerons et de pauvres gens, les maisons baissent de prix ; c'est 17, 18, 55, 70, et, par exception, 120 livres qu'on les paie. Il en est de même au faubourg Bourberault, où l'on trouve des maisons à 30 et 40 livres. Cependant, il y en a de 200, 240 et 290 livres.

Une maison près du Pâtis vaut 40 livres.

Marchés de construction et de réparation de maisons. — Après le prix des maisons, il faut voir ce qu'elles coûtent à bâtir. En 1549, une maison d'un étage et d'un « essaulement » (1) de quatre toises de long, est payée au charpentier, qui fournit tout le bois de chêne, la somme de 24 livres. (Voir aux *Analyses d'actes divers*, E 648, an 1544).

Pierre Desmaisons, charpentier, construit une maison plus importante, rue Rougemont, pour Jean Garnier, « artillier », et reçoit la somme de 50 livres. (E 661, 13 février 1569). (*Pièces justificatives* nᵒ 1.)

En 1566, Mᵉ Eloi Branche, praticien, fait réparer le « maisonnement » de la Chèvre, situé au faubourg de Bourberault, près de la commanderie du Saint-Esprit. Il y emploie tous les ouvriers du bâtiment qui sont payés chacun à part. On y remarque que cette maison était couverte en aissif, c'est-à-dire en planchettes en forme de tuiles (*Analyses d'actes divers*.)

Location de maisons. — Les baux de maisons, en petit nombre, que nous avons recueillis, donnent les prix suivants pour chaque année de bail : chambre haute, 4 livres 10 sols ; autre chambre haute avec garde-robe et galerie, 6 livres ; chambres basse et

(1) Essaulement, toiture d'essaule, bardeau à couvrir les maisons. Godefroy, *Dictionnaire*.

haute avec deux garde-robes, galerie et étables à porcs, 15 livres ;
autre chambre basse et deux chambres hautes, 4 écus deux tiers.

Mobilier des maisons. — L'ameublement des maisons corres-
pondait naturellement au XVIᵉ siècle, comme aujourd'hui, au
degré de fortune de leurs habitants. A Tonnerre, les maisons sont
comme on l'a vu plus haut, composées d'une, deux ou trois chambres avec des cabinets et quelquefois des « ouvroirs » sur le
devant. Il fallait donc peu de meubles pour les garnir. Les contrats de mariage de personnes d'une certaine fortune en donnent
souvent la liste. D'abord le lit « garni » et le coffre (1) sont les
meubles indispensables et qu'on retrouve partout. Dans les
ménages plus anciens, on trouve la table, une paire d'armoires,
un buffet garni de vases d'étain, un banc et des tréteaux. Les
accessoires de la cuisine s'y voient également, ainsi qu'une bassi-
noire, des chauffrettes en fer, des chandeliers, un saloir, etc.
(E 652, 1553, fᵒ 253) (2). On parle quelquefois des armes du mari.
Les cultivateurs ont des charrettes, un tombereau et autres agrès
de labour. Les vignerons de même.

En 1506, un menuisier fabrique « un chaslit de boys de noyer
garny de son enfonsure de trappons de chesne, les piliers tournés,
mais avec un trappon de chesne et non un pan du costé de la
ruelle », moyennant 8 livres. (E 659, fᵒ 32).

XI.

TRAVAUX AUX ÉDIFICES PUBLICS : ÉGLISES, CHATEAUX, PONTS, MURAILLES DES VILLAGES.

Le premier monument dont les protocoles fassent mention est
l'église Notre-Dame, dont la belle tour était déjà commencée et
dont les habitants de la paroisse continuèrent la construction, en
1550. Trois procureurs et marguilliers, maîtres Pierre Catin,
Guillaume Gaucher et Germain Luyson, avaient fait le plan de
cette partie de l'édifice, et, ayant assemblé dans l'église, au son
de la cloche, jusqu'à cent à cent-vingt paroissiens, ils leur expo-
sèrent le projet de construire le second étage de la tour. Nicolas
Monart, maître maçon à Tonnerre, qui était présent, examina « le
portrait » qui consistait en 5 toises 2 pieds et demi de hauteur.
Après conférence, débats et approbation de l'assemblée et
acceptation de Monart, le contrat fut dressé par Mᵉ Antoine

(1) Il y a quelquefois deux coffres et deux couchettes.
(2) Voy. analyses d'actes divers. E 652 et 666.

Petitjehan, et les conditions stipulées furent les suivantes : La fabrique fournira les matériaux en place et le maçon recevra 540 livres pour son travail. (E 650, f° 177).

L'incendie de 1556 détruisit cette partie de l'édifice qui était à peine élevée. Ce ne fut qu'en 1620 qu'on reprit l'achèvement de la tour telle que nous la voyons aujourd'hui.

Un autre travail d'utilité publique fut la réparation du pont appelé Notre-Dame du Pont, sous le pilier de la chapelle, emporté par la force de l'eau, et du deuxième pilier, du côté d'Épineuil. La visite du pont avait été faite en présence du bailli et des échevins de Tonnerre, par Mathieu Grégoire, maitre-maçon et tailleur de pierres, qui traita des réparations (E 667, 14 septembr. 1574).

A Vauligny sur Tonnerre, au haut d'une montagne qui regarde la prairie et le grand chemin de la ville, et appelée le Mont du Calvaire, s'élevaient trois croix. Deux pieux fidèles, Guillaume Delaroche et Jean Longuet, inspirés par Étienne Carreau, « hermite, » qui probablement y habitait quelque retraite, font marché avec Pierre Roucher et Jean Rouard, maçons, pour bâtir en ce lieu une chapelle de quatre toises de longueur, deux toises et demie de largeur et deux pieds d'épaisseur dans œuvre. L'édifice devait être voûté et les baies de pierres de taille. Les fondateurs s'engagent à fournir en place tous les matériaux, et les maçons promettent de livrer la chapelle à Pâques-charnelles 1544, moyennant 7 livres 10 sous. (E 648, 28 octobre 1543). Les maçons ajoutent cette clause au marché : « et si en posant la première pierre de ladite chapelle, aucuns personnages de Tonnerre et d'ailleurs s'y trouvent et baillent quelque chose pour icelle veoir asséger, soit argent ou autrement, ce appartiendra aux dits massons. »

Les habitants de plusieurs villages du comté montrent encore dans divers marchés passés pour la construction ou la réparation de leurs églises ou de leurs murailles, le « self government » qui était dans les habitudes du pays.

En 1548, M° Nicolas Létain, Nicolas Convers, maçon, François Pasquet, avec les procureurs et échevins de Dannemoine, stipulent pour les habitants un marché « pour faire certaine besogne ou ouvrage neuf en l'église du dit lieu, moyennant le produit de la dîme des blés et vins pendant sept ans et demi. (E 651, an 1551, f° 349).

En 1571, Pierre Menigault, père, demeurant à Molosme, et Grégoire, son fils, avaient traité, le 2 septembre, avec les habitants d'Épineuil pour « rempiéter et rehausser les murailles et tours de la fermeté de ce lieu, moyennant un droit de dîme à lever sur eux. » Huit ans après, le travail était achevé en grande partie, mais les habitants en contestèrent la bonne façon ; des experts reconnurent la justice de leurs plaintes, et il fut ordonné de faire de nouveaux travaux, savoir : voûter les deux tours de la poterne, en forme de plancher, et les trois autres tours à voûter par dessus. Ces travaux et d'autres portés au rapport des experts, dûrent être faits au 1er septembre 1579, et payés 200 livres. (E 674, 10 mars 1579).

Le 4 mai 1546, François Pasquereau, maçon à Saint-Vinnemer, fait marché avec Jean Gymet, pour la construction « de la quarte partie des murailles de la fermeté de Junay. » Il a ensuite, avec ce dernier, des contestations qui se terminent en 1550. (E 651, f° 29), et Gymet reconnaît que les travaux sont bien exécutés.

Les habitants de Molosme font faire à Jean Huguenin, maçon à Tonnerre, un devis pour la construction d'une porte de leur village, qui aurait 15 pieds dans œuvre. Ce dernier passe son marché à Claude Masson, dit Lymosin, de la Rivière-sous-Noyers, pour 52 livres, tous les matériaux mis en place. (E 648, an 1543-44, f° 152).

En 1575, les habitants de Roffey, désirant obtenir du Roi la permission de clore leur village de murs, font les démarches préliminaires nécessaires auprès de Philippe Boucher et de l'Hôpital des Fontenilles de Tonnerre, leurs seigneurs, qui leur donnent leur consentement. (Voyez *Analyses d'actes divers*, p. 417).

Enfin, les habitants de Viviers traitent, vers 1579, avec des marchands du pays pour la construction de murailles autour de leur village. Le paiement des travaux devait être pris, comme toujours, sur les dîmes des blés et vins, pendant cinq ans. (E 668, 1579, 30 septembre). Mais comme certains habitants n'avaient pas de biens ruraux pour y prélever la dîme, on les impose à proportion de leurs autres héritages.

Nous ajouterons un document, quoiqu'il soit en dehors de notre cadre, c'est la mention des travaux du château d'Yrouerre en 1567-68. Les maîtres maçons Jean Chollier et Guillaume Petit, de Tonnerre, y travaillaient, et mettent en chantier deux maçons de Tonnerre, François Rouard et Dominique Guillemynot. Ils leur payent 7 sous par jour à chacun à la fin de chaque semaine. (E 659).

XII

ÉTAT DE LA PROPRIÉTÉ RURALE (1).

En dehors des fermes ou métairies baillées à loyer ou à rente, à temps ou à vie, par les seigneurs ou de riches bourgeois, le sol

(1) Nous ne parlerons pas ici des bois qui appartenaient aux comtes,

cultivé par les particuliers se compose de terres, de vignes et de quelques chenevières. On y sème le froment, le seigle, le méteil, l'orge et l'avoine. La propriété, soit en terres soit en vignes, est déjà extrêmement morcellée dans le Tonnerrois et partagée, sans que dans les transactions dont les héritages sont l'objet, le comte ou le seigneur du village intervienne, sauf que le notaire y mentionne un léger droit de cens ou de rente et la dîme dont les biens sont chargés.

Mais la propriété est libre de tout droit de main-morte, et se vend et se partage entre les ayant-droits, à leur gré, comme cela a lieu aujourd'hui, et conformément à la coutume.

Le prix des terres est très variable, suivant leur qualité. Le *journal*, qui sert de mesure, se vend de 4 livres à 10 livres (1), en moyenne. Sur le finage de Tonnerre on voit des journaux qui montent jusqu'à 30 livres, mais ce sont des exceptions.

L'*homme* de vigne ou 4 à 5 ares, se paie, à Tonnerre et dans les pays voisins, à des prix variant suivant l'état de la vigne, et qui vont à 5, 6, 8, 9, 10, 12 et même 15 livres.

Plantation et culture de la vigne. — Des artisans, un boulanger, un potier d'étain éprouvent le désir de posséder une vigne afin de pouvoir aller s'y promener, voir pousser le raisin, récolter leur vin, enfin jouir du plaisir du propriétaire. Ils font marché avec un vigneron qui promet « de planter et diriger en vigne un quart de journal de terre, au finage de Tonnerre, lieu dit Vau de l'Aumosne, d'y planter de bon plan l'hiver suivant et de le labourer bien et deuement pendant quatre ans, et d'y mettre des paisseaux par moitié, s'il est nécessaire. » Après ce temps, la vigne sera partagée par moitié entre les contractants. (E 660, f° 79, an 1569, 25 juillet). (*Pièces justificatives*, n° 2).

Un autre vigneron, J. Dupont, prend d'Ogier Michellot, potier d'étain, un arpent de terre aux Veuillots, finage de Tonnerre, « s'engage à le planter à ses dépens, en bon plan de vigne, et icelle nourrira et entretiendra trois ans, et marquera de paisseaux au besoin. » Après ce temps, la vigne sera partagée également entre eux. (E 650, f° 76, an 1549).

La culture de la vigne, autrement dit « les façons, » consiste en

aux seigneurs et quelque fois aux communautés d'habitants et non aux simples particuliers.

(1) Il y avait plusieurs espèces de journaux, ce qui rend les estimations en prix modernes difficiles. Il y avait surtout le journal de 360 perches à 9 p. 1/2 équivalant à 34 ares 28 centiares, et le journal de 240 perches ou 22 ares 85 centiares.

ces différentes opérations : tailler, treiller (accoler), donner trois labours, essomasser (enlever les pousses parasites), rebrasser (1), enfin « jusqu'au cousteau, » c'est-à-dire à la vendange.

Le propriétaire fournit les liens de paille appelés « la gluz, » les osiers et le merrain ou paisseau nécessaires. Le salaire du vigneron, pour six pièces de vignes contenant 35 hommes ou un hectare 75 ares, appartenant au bailli de Tonnerre, est de 35 livres (2), et ce dernier y ajoute deux muids de boisson, pour donner des forces au rude travailleur. (E 662, 4 septembre 1570). Ces conditions sont ordinaires, et la quantité de *boisson* varie selon l'importance des vignes.

On voit aussi qu'en 1543 les habitants d'Épineuil avaient déjà défriché leurs « usages » et les avaient partagés entre eux, de manière à ce qu'ils en eussent chacun un arpent, lequel était chargé de 4 deniers de cens envers l'abbaye Saint-Martin. (E 648, 1er juillet 1543).

XIII

COMMERCE. — VINS, CHARBON.

Le commerce du pays Tonnerrois consistait, au Moyen-Age et au XVIe siècle, dans la vente des bois par les comtes et les seigneurs, pour l'approvisionnement de Paris, et dans celle des vins exportés hors du pays.

Le vin a toujours été un des principaux produits du Tonnerrois, et il est, au temps que nous étudions, l'objet de transactions entre des particuliers dont quelques-uns sont courtiers en vins, d'autres marchands, et viennent de lieux plus ou moins éloignés. On remarque qu'en 1544 on vend le muid de vin de 12 à 15 livres.

En 1550, « honorable homme Étienne Gerbault, marchand à Auxerre, qui était le chef d'une famille qui est devenue notable, achète des vins à Tonnerre pour la somme importante de 1,500 livres. (E 652, fo 9 vo). »

Aignan Cerveau, tanneur, et Jean Mydrey, mercier à Tonnerre, achètent ensemble, en 1568, de Pierre Garnier, tanneur, cent muids de vin à 11 livres pièce, « à gain et à perte. » Ils gardent ce vin un an ; après quoi Mydrey reprend le marché pour lui seul, et se charge de payer la part de Cerveau. (E 661, 17 décembre 1569).

(1) Retrousser et attacher les pousses autour d'un paisseau.
(2) Voyez au § XV, la conversion de cette somme en monnaie actuelle.

En 1566, Edmond Vigneron, marchand à Saint-Florentin, achète, de concert avec Jean Lecestre, notaire à Épineuil, et sa femme, 32 muids de vin au pri... de 8 livres le muid. Cinq ans après, ils règlent cette affaire, et Lecestre fait entrer en compte neuf muids de vin à 7 livres 10 sous l'un, qu'il avait déjà donnés à Edmond Vigneron. (E 661, 27 juin 1571).

En 1556, un marchand de Langres vend à Regnaud Allier, hôtelier à Tonnerre et à sa femme, 20 muids de vin vieux. (E 654, f° 132), pour 240 livres. Il est dit au contrat que si le vendeur ou son représentant, porteur de l'obligation souscrite, se présente à l'échéance et n'est pas payé, Allier sera tenu des frais et dépens.

Il est intéressant de connaître l'espèce et la capacité des mesures qu'on employait pour les vins. Nous avons vu que le muid et la feuillette étaient les vaisseaux de grande dimension. Ils le sont encore aujourd'hui, malgré les changements économiques et autres que la société a éprouvés.

Le muid, selon l'ordonnance de 1557, devait tenir 300 pintes de Paris, y compris marc et lie, ou seulement 288 pintes, sans marc ni lie, ce qui était l'usage du commerce. La feuillette était, comme elle l'est encore, la moitié du muid.

Le setier était une mesure servant d'étalon pour mesurer la capacité des futailles. Il en fallait 36 par muid de 288 pintes.

La pinte de Paris contenait trois demi-setiers ou 93 centilitres.

Mais dans nos pays et dans le Tonnerrois, on n'employait pas le muids de 36 setiers, mais un muid de 30 setiers seulement, d'où le nom de *muid trentain* qui lui fut donné. En 1551, on vend à Etorvy, 16 muids trentains de vin au prix de 100 sous la pièce, ce qui devait être du petit vin. En 1566, on vend 10 milliers de merrains à trentains, et la façon de chaque vaisseau est payée 6 sous. (E 659, f° 1 v°).

Vente de charbons. — De notre temps, où le charbon de terre est devenu un des grands véhicules de la vie sociale, on a peine à se figurer comment y suppléaient entre autres les ouvriers du fer, pour alimenter leurs forges. Mais le charbon de bois en tenait lieu et il était fabriqué en grande quantité dans les forêts éloignées surtout des voies de transport par eau et par terre; et alors les charbonniers, qui formaient des associations dont on a tant parlé, le livraient aux ouvriers pour la consommation de leurs ateliers.

En 1566, Jehan Beaulin, charbonnier à Tanlay, vend à deux serruriers de Tonnerre, à l'un 100 hottées et à l'autre 50 hottées de charbon, savoir : 12 hottées par semaine, et moyennant 3 sous la hottée. (E 659, f° 49).

En 1568, un marchand d'Yrouerre vend 100 vans de charbon à prendre au bois de l'Affichot (1), à G. Dongois, maréchal à Dannemoine, pour 7 sous le van. Un autre marchand du même pays, vend 50 vans de charbon, à 6 sous le van, à un serrurier de Tonnerre. (E 660, f° 15, 20).

XIV

MONNAIES EN USAGE. — RENTES CONSTITUÉES. — PRÊTS SANS INTÉRÊTS.

Au xvi° siècle comme aujourd'hui, la monnaie de compte servait dans la supputation du prix des biens vendus, des baux ou des marchés, et par livres, sous et deniers. Mais il n'en était plus de même dans la réalisation des actes : la diversité des monnaies de différents métaux fournies en paiement, obligeait à une énumération détaillée de chaque espèce de monnaie employée, et c'est même ce qu'on voit encore aujourd'hui dans certains actes.

Nous en donnerons seulement deux exemples. C'est d'abord le paiement du prix d'une maison, à Tonnerre, rue du Pilory, vendue, en 1565, la somme de 1,000 livres, savoir, 500 livres composées de :

55 écus d'or sol., 20 ducats à 2 têtes, une demi-pistole, une maille harm (?) et le reste en Karolus (2).

Les 500 autres livres sont payables ultérieurement.

En 1571, Nicolas David, avocat du roi au bailliage d'Auxois, au siège de Semur, et sa femme, vendent à Anne Le Marchant, mercier à Tonnerre, une maison complète, sise rue des Forges. Le prix en est fixé à 1,000 livres, payé comptant, et se compose des monnaies suivantes :

200 écus d'or, 45 écus pistollets, 23 doubles ducats, 2 nobles à la rose, 23 doubles impériales d'or, et le reste en pièces de 6 blancs et monnoyage ayant cours. (E 663, f° 26).

Cette énumération ne donne qu'une faible idée du nombre et de la diversité des monnaies qui avaient cours en France au milieu du xvi° siècle. On peut voir un exemple de cette variété aux *Analyses d'actes divers*, dans un acte de vente d'héritages du 11 mai 1570, et qui relate jusqu'à 19 espèces différentes de monnaies.

Rentes constituées. — Prêts sans intérêts. — Au moyen-âge,

(1) L'Affichot, bois, commune de Fresne, arrondissement de Tonnerre.
(2) Le Karolus en argent devait son origine à Charles VIII. Il s'appelait le *Grand Blanc* et portait un grand K couronné, première lettre du nom du roi.

l'Église proscrivait l'intérêt de l'argent, qui était l'objet de prêts usuraires énormes de la part des banquiers juifs et lombards. On avait cependant tourné la difficulté et trouvé un moyen pour faire produire à l'argent un revenu légal : c'était en aliénant les capitaux et en constituant des rentes perpétuelles. Nos protocoles nous apprennent comment on y procédait à Tonnerre.

L'emprunteur d'une somme de 100 écus d'or, par exemple, contracte un engagement de payer au prêteur 8 écus 1/3 de rente, ou 25 livres tournois par an ; la créance est hypothéquée sur les biens du débiteur. On remarque que dans plusieurs contrats le chiffre du revenu ou le taux de l'intérêt équivaut à 8 pour cent et une minime fraction. (E 662, f° 88, an 1571, E 653, f° 246, an 1554, E 664, f°° 120, 121, 122, an 1573).

Le prêt d'argent sans intérêts se voit dans un acte du 13 juillet 1550, à Jean Beuf, laboureur, qui reconnait devoir à Jean Coullain, tissier en draps, la somme « de 105 livres, pour prêt à lui fait pour sa nécessité. » Jean Beuf s'engage à rembourser cette somme, 45 livres à la Saint-Martin d'hiver et le reste à pareil jour un an après. Il n'est fait dans l'acte aucune mention d'intérêts dus ni payés. (E 651, f° 9).

Voici, cependant, une sorte d'infraction à la règle. En 1567, au milieu des troubles qui agitent la France, Jean Tard, marchand à Tonnerre, ne pouvant recouvrer d'argent « es champs » pour payer une dette de 300 livres envers Jean Bazard, souscrit un engagement portant prorogation de sa dette pour quatre ans, moyennant paiement, chacun an, « au fur de 8 livres 6 sous 8 deniers pour cent ou pour chacun an la somme de 25 livres. » Ce taux d'intérêt rentre bien dans les conditions des contrats de constitution de rentes dont nous avons parlé plus haut, et le chiffre de 8 livres et une fraction parait être celui du revenu normal de l'argent à cette époque dans le pays.

XV

MŒURS ET USAGES.

Nous terminerons cette étude par un résumé de quelques actes qui peignent les mœurs et usages du temps, mieux que les plus longs récits, et que nos protocoles nous ont conservés.

Au faubourg de Dannemoine, en 1549-50, existait une maison en ruine « loin des autres maisons, qui n'estoit plus habitée sinon des pauvres étrangers qui y brûlent les planchers, paisons et autres bois, et sont cause qu'on y commet de jour en jour plu-

Sc. hist.   23

sieurs meschancetez et pailliardises. » Le chapitre Saint-Pierre, de Tonnerre, seigneur foncier du terrain où s'élève cette maison, a autorisé le locataire à 2 sous 4 deniers de rente à la démolir et la transporter et faire dresser où bon lui semblerait aux mêmes conditions. (E 650, f° 147).

En 1552, les registres pour constater les déclarations des décès n'existaient pas. Ceux destinés aux actes de baptêmes étaient à peine établis. Aussi avait-on recours aux actes de notoriété dressés pardevant les notaires, pour constater, en certains cas, la mort d'un individu. Il s'agissait d'attester la mort de Guillaume Castaing, ancien sergent royal au bailliage de Sens, résidant à Tonnerre. Sa veuve déclara que son mari, âgé de 40 ans, mourut au lieu de Ravières, où il s'était retiré, et fut enterré au cimetière Saint-Pantaléon. Me Jean Rodigue, praticien à Ravières, âgé de 33 ans, Jean David ainé, âgé de 60 ans et Simon Soupplette, boulanger, âgé de 50 ans, présents, ledit Rodigue atteste « qu'il a vu ladite Guillemette Disson et François et Marie Castaing, ses enfants, par plusieurs fois gitter de l'eau beniste sur la fosse d'Iceluy Castaing, et luy mesme en a gitté, etc. » (E 652, f° 211).

Le voyage de Tonnerre à Paris n'était pas une affaire facile en 1553 ; et le défaut de voitures et de chevaux mettait les gens du commun dans l'impossibilité de l'accomplir.

Jean Jobert et Thibaude Bosset, sa femme, demeurant à Saint-Martin-les-Tonnerre, sont ajournés pardevant les commissaires du parlement de Paris, pour être récollés en certains procès entre ledit Petit et frère Gilles Barbes.

Voici les raisons qu'ils donnent pour ne pas aller à Paris. Ils ont plusieurs petits enfants et serviteurs, dont aucuns sont fort malades. De plus, « ils sont chargés de recevoir et mettre en seureté grand nombre de boys appartenant au comte de Tonnerre, qui se charroye chaque jour et le recevoir et compter, et obligés d'en rendre compte, à peine de payer pour chaque bûche qui se perdroit, 8 deniers. »

Les excuses de la femme de Jobert sont plus curieuses. Elle dit « qu'elle ne pourroit aller à pied jusques au lieu de Paris, distant de Tonnerre de 45 lieues ou environ, et ne lui a ledit Petit offert ne baillé cheval pour la porter, quant ores qu'elle pourroit y aller. »

Voici un exemple de la manière dont un soldat fait prisonnier par l'ennemi, dépouillé de ses armes et de ses habits et rendu à la liberté, procède pour s'équiper de nouveau. Comme il est mineur, ayant moins de 25 ans, il demande au prévôt de Tonnerre, qui la lui accorde, la permission de vendre une petite pièce de vigne au finage de Junay. C'est dans la requête annexée à l'acte de vente qu'on lit la relation de l'odyssée du pauvre soldat :

« Guillaume Noël, dit de la Croix, pauvre jeune garson, comme en estant au service du Roy il ayt esté prins et constitué prisonnier par l'ennemy, où il a esté détenu misérablement par six semaines, et à la fin a esté spolié de tous ses habits et armes, de sorte que retournant à sa bande sous son cappitaine, ledict cappitaine ne l'a voulu recepvoir, et luy a baillé congé pour venir par deça affin de recouvrer deniers pour se mectre en équipages, ainsi que appert par le congé de son cappitaine, etc. » (E 654, f° 85, an 1555, 30 novembre).

Le 15 avril 1561, le tuteur de Simon Guenin, mineur, vend, par permission de justice, deux journaux de terre à Athées. La requête de Guenin portait « que permis soit à son tuteur de vendre un de ses héritages pour subvenir à médeciner un bras duquel il ne se peut ayder. » Le prévôt prononce sur l'avis du procureur du comte de Tonnerre et l'attestation « de la pluspart des habitans ayans veu ledit bras. » (E 656, f° 127).

A la fin du mois de novembre 1568, un habitant de Chaource, Pierre Nico, bonnetier, qui venait de Commissey et menait un cochon et portait une poule qu'il venait d'acheter, fit la fâcheuse rencontre de plusieurs soldats qui allaient à l'abbaye Saint-Martin. Ceux-ci voulurent s'emparer du cochon : une rixe s'en suivit. « Ils mirent la main aux armes, tellement que Nico fut atteint d'un coup d'espée qui lui fut baillé par le nommé Delyne, l'un des soldats, à l'endroit et au travers du cou, duquel coup il mourut soudainement en la place. » Le bailli de Tonnerre fit arrêter les soldats pour en faire justice. La veuve Nico traite, en attendant, avec l'un d'eux, appelé Bailly, qui ne paraît pas avoir frappé le mort, et renonce à toute poursuite contre lui, pour elle et son fils, âgé de 10 ans, moyennant 4 écus sol. Elle se réserve de poursuivre l'assassin en réparation de l'homicide de son mari. (E 658, f° 169).

XVI

COMPARAISON DU POUVOIR DE L'ARGENT AU XVI° SIÈCLE AVEC SA VALEUR
ACTUELLE : DOTS, PRIX DES MAISONS ET HÉRITAGES, OBJETS MOBILIERS,
FAÇONS D'HÉRITAGES, ETC.

En parcourant les divers paragraphes dont se compose le présent travail, on a pu remarquer la mention de différentes sommes représentant le prix d'objets mobiliers, de maisons, d'héritages, de loyers, etc. Ces chiffres ont besoin, pour être bien compris, d'être comparés à la valeur qu'ils pourraient avoir aujourd'hui. C'est ce que nous avons essayé de faire en nous appuyant sur les procédés de calcul employés par Leber et autres savants (1). Nous avons pris pour une des bases le *pouvoir* de l'argent, qui était, selon nous, de 4 au milieu du xvi° siècle, pour 1 aujourd'hui, et pour l'autre base, la différence entre le prix du marc d'argent de la même époque, — lequel était de 16 livres, — avec son prix actuel, qui est de 55 francs, soit 3,44 à 1. En multipliant successivement la somme donnée par ces deux chiffres, 4 et 3,44, on obtient la valeur actuelle de cette somme.

PRIX DES MAISONS

Années.		Livres.	Valeur actuelle.
1577.	Maison, grange, étable, cour, rue des Forges.........................	1.240	17.062' »»
1572.	Maison, rue Vaucorbe	450	6.192 »»
1574.	Place, masure, chambre basse, pressoir, rue Saint-Michel, ruinés par le feu..	956	13.154 56
1549.	Maison, rue de l'Hôpital..............	350	4.816 »»
1549.	Maison, près de la Poterne...........	300	4.128 »»
1555.	Maison, rue du Perron................	230	2.793 28
1574.	Maison, près la Porte royale...........	160	1.788 80
1555.	Maison, rue Rougemont ., ...	160	1.788 80
1556.	Maison, rue Bourgberault, près des Roches...............................	90	1.238 40
1553.	Maison, rue Bourgberault, près des Roches...............................	40	950 40
1571.	Place et masure, ruinée par le feu.....	70	953 20

DOTS DE MARIAGES

Années.	Livres.	Valeur actuelle.
1560..	1.500	20.640' »»
1560–61......................................	1.200	16.512 »»
1578...	1.000	13.760 »»
1572...	500	6.880 »»
1553...	350	3.816 »»
1569...	200	2.752 »»
1552...	100	1.376 »»

Le *Douaire* de la veuve varie selon la richesse des contractants, depuis 50, 35 et 30 livres de rente, en descendant à 120 livres et jusqu'à 15 livres de capital.

(1) Voyez Leber, *Appréciation de la fortune privée au moyen-âge* ; — *Jacques Cœur et Charles VII*, par Pierre Clément, valeurs des anciennes monnaies françaises, p. XLI et seq.; et autres.

PRIX DES TERRES ET VIGNES

Le prix de l'*homme* de vigne qui est la mesure ordinaire de la vigne, soit 5 ares, finage de Tonnerre, va de 5 livres à 13 ; et par exception à 20 livres, soit 68 fr. 80 et 178 fr. 88, et par exception 275 fr. 20.

FAÇONS DES VIGNES

1567. On paie 18 hommes de vigne à 18 sols par homme de 5 ares ou.................................... 12'36

1570. 35 hommes de vigne en 6 pièces se paient à 5 livres par homme ou 13 76

Les diverses façons de culture sont celles énumérées dans la *Pièce justificative* n° 2.

Il s'en suit que, dans le premier cas, le prix payé pour 18 hommes de vigne ou 90 ares est de................. 222 48

Et dans le second cas, 35 hommes ou 1 hectare 75 ares coûteraient... 385 60

FAÇONS DIVERSES

1566. La façon d'un vaisseau trentain, est de 6 s. ou..... 4'14

1566. La façon d'un bois de lit, à pieds tournés, est de 8 livres ou.................................. 110 08

PRIX D'OBJETS MOBILIERS
Prix d'un cheval, d'une vache.

1554. Un cheval est estimé 10 écus ou 30 livres égalant... 412'80

1570. Un cheval est estimé 20 livres ou.................. 275 20

1570. Une vache ou 15 livres 206 40

PRIX DES GRAINS ET DES VINS

1556. 20 muids de vin vieux, vendus 12 et 15 livres le muid ou..............................165 fr. et 206'40

1569. 100 muids de vin à 11 livres l'un ou............... 151 36

1579. 9 muids de vin à 7 livres 19 sols l'un ou........... 103 29

1565-6. Une feuillette de vin à 70 s..................... 49 70

1543. 148 bichets de froment, estimés 120 livres, à 16 s. 2 d. le bichet ou.................................. 12 15

BAUX D'ENFANTS OU A NOURRITURE

Parmi les conditions de ces actes, on remarque celle imposée au preneur de payer au mineur, à la fin du bail, une certaine somme, et de le vêtir à neuf. En voici quelques exemples :

1549. À payer pour le preneur 6 livres ou................ 82'56

1552. A l'âge du mariage du mineur, 10 livres ou 273 20

1556. A la mineure, 10 livres ou....................... 136 60
    son lit avec deux draps ou, pour le tout, 6 livres
    ou.. 102 56
1571. Au mineur, à la fin du bail, 15 livres ou.......... 206 40
    et un habillement neuf.
    A une mineure, 10 livres ou 137 60
    et un vêtement neuf.

Baux à apprentissage. — Parmi les conditions des baux à apprentissage, est celle-ci : que si l'apprenti quitte son maitre avant la fin du bail, son père sera tenu de payer à ce dernier, selon les cas, 12 et 15 livres, soit 165 fr. ou 210 fr.

Un chirurgien prend un apprenti pour un an, moyennant 20 livres, ou 280 francs (1567).

Dans un autre bail de trois ans, le père de l'apprenti paiera 15 livres, outre l'entretien, soit 206 fr. 40.

Cérémonies mortuaires. — 1571. On paie à un prêtre assistant à un salut mortuaire, 13 deniers, ou 75 centimes.

On donne en offrande « aux ecuelles, » c'est-à-dire à la quête, 10 deniers, ou 50 centimes.

1550, à chaque porteur d'un mort, 2 sols, ou 1 fr. 38 ; aux fossoyeurs, 5 sols, ou 3 fr. 45.

N.-B. — On peut voir aux *Analyses d'actes divers,* an 1553, une quittance d'objets mobiliers, qui contient une longue énumération de ces objets avec leur prix. Le rapprochement de ces prix avec la valeur actuelle des objets, est instructif,

Voir encore, *Ibid.,* an 1570, la liste de 19 espèces de monnaies employées dans un paiement de prix d'héritages.

APPENDICE

NOTE SUR Mᵉ ANTOINE PETITJEHAN.

Maitre Antoine Petitjean, notaire et tabellion, fut possesseur de l'office du tabellionage de la ville et du comté de Tonnerre au moins depuis l'an 1543, date à laquelle commence la collection des registres de protocoles. Ces registres se succèdent ainsi entre ses mains jusqu'en 1568-9, où pour la première fois le registre ne porte pas le titre de « tabellionnage. » C'est alors que paraissent deux nouveaux notaires, Levuyt et Claude Turrel, pour prendre le tabellionnage ; puis Levuyt le garde seul les années suivantes, il l'exerce encore avec Petitjehan, et puis reste seul jusqu'à la fin du XVIᵉ siècle.

Petitjehan parait encore titulaire du tabellionage en 1569-71, et jusqu'en 1582. Nous ne pouvons que constater l'existence de ces divers titulaires, mais ces changements n'affectent en rien la nature des actes qu'ils reçoivent.

Mᵉ Petitjehan avait épousé « honeste femme » Marguerite Allier. Il en eut au moins deux filles, Marguerite et Jeanne. Il était mort avant le 23 novembre 1582, date du second partage de ses biens entre sa veuve et ses deux filles mineures, représentées par leur oncle et tuteur. (E 676, fᵒ 7 vᵒ).

Pierre Petitjehan, son successeur comme notaire, la même année (E 676) et jusqu'en 1593, ne paraît pas avoir exercé le tabellionage du comté. Rien n'indique non plus s'il était ou non fils d'Antoine Petitjehan. Son absence dans l'acte du 23 novembre 1582 ferait supposer le dernier cas.

Antoine Petitjehan était un lettré. Vivement touché de l'incendie qui dévora Tonnerre le 8 juillet 1556, il en consigna le souvenir sur ses protocoles (voyez ci-dessus, § 10), puis il en rédigea une longue relation, qui est conservée à la bibliothèque de Tonnerre.

C'était aussi un fin gourmet et un cultivateur de vignes. Il écrit sur le pli de la couverture de son registre de 1569 (E 661) : « ma vigne de Stigny a au-dessus 56 treilles, et par le dessous elle en a 67. »

Nous terminerons cette note par une liste des qualités données au vin par Mᵉ Petitjehan (1).

« Le bon vin par cinq lettres a quinze significations, qui sont B, C, N, F, S.

 B. — Bon, beau, buvable.
 C. — Cru, cler, colloré.
 N. — Nud, nect, naturel.
 F. — Fin, friant, fumeux.
 S. — Seing, sec, savoureux.

        Signé : Petitjehan.

ANALYSES D'ACTES DIVERS.

Apprentissage d'un vielleur. — 1571, 30 décembre. Remy Saintarche, tonnelier à Tonnerre, tuteur de Jean Gault, fils mineur de feu J. Gault et de Marie Pimelle, sa femme, expose au bailli de Tonnerre « comme par l'impotence dudict Gault, il ayt esté contrainct le mectre soubs ung vielleur pour apprendre à jouer de la vielle pour avoir moyen de maindyer sa vie, et pour payer son apprentissage n'a aucuns meubles et luy convient vendre pour y satisfaire une hasté de terre. » Le bailli renvoie aux procureurs

_____

(1) E 654, à l'intérieur de la couverture.

du comte pour ordonner ce que de raison. Ceux-ci disent que les parents du mineur consultés ont dit qu'ils feront tel conseil que de raison. Ils comparaissent devant le bailli et émettent l'avis de vendre un héritage des moins dommageables du mineur « pour luy achepter une vielle afin d'avoir moyen de maindier sa vye. »

Ils approuvent le projet de vente d'une hâte de terre, et le bailli la permet. (E 613, f° 160).

Bail à apprentissage. — 1569, 20 mars. Jean Fenelle, émancipé, se loue à Guillaume Testuot, charpentier à Tonnerre, pour quatre ans, pendant lesquels il sera tenu de le servir de son métier de charpentier et de toutes ses autres affaires. Testuot lui montrera son métier, le nourrira, vêtira et entretiendra d'habits et de choses à lui nécessaires. A la fin duquel temps Testuot sera tenu lui bailler un saye de drap gris-noir, une paire de chausses haut et bas de blanchet, un pourpoint, une chemise de toile, un bonnet, une paire de souliers, le tout neuf, et une grande cognée à choisir de celles du dit Testuot, outre ses vieux habits.

Au cas où Fenelle quitterait sans cause son maître avant les quatre ans expirés, il lui paiera 10 livres. (E 660, f° 58).

Bail à nourriture. — 1549, 4 novembre. Nicolas Belin, vinaigrier à Tonnerre, prend à bail à nourriture de P. Gagin, leur tuteur, ses propres enfants, orphelins de leur mère. Conditions : les tenir, nourrir, entretenir, coucher et vêtir selon leur état, savoir : Marguerite, âgée de 13 ans, Guillaume, 10 ans, Micomert, 8 ans, Philippe, 6 ans, et Nicolas, 4 ans, et pendant la durée suivante :

Marguerite, 5 ans, Guillaume, 6 ans, et les autres 12 ans.

Prendra pour ladite nourriture les meubles à iceux mineurs appartenant et le revenu de leurs héritages, qu'il entretiendra de bonnes façons. Baillera à Marguerite, pour le service qu'il espère qu'elle lui fera le temps à venir : un lit garni de six draps, courtines, ciel, dossier, custodes et *cuissin*, avec une robe et un chaperon, le tout de drap noir, et il la mariera honnêtement selon son état.

« Et quant aux quatre autres mineurs, les envoyra à l'escole jusqu'à ce qu'ils sachent lire et escrire si en eux ne tient. Entretiendra leurs héritages et payera les frais funéraux de leur mère. » (E 650, f° 66 v°).

Autre bail à nourriture. — 1567, 4 mai. Bail à nourriture par leurs tuteurs des trois enfants mineurs de feue Marguerite Barboullat à son mari, Étienne Viardot, charpentier à Tonnerre, à condition de les tenir, nourrir, entretenir, coucher et vêtir selon leur état, savoir :

Michellette, âgée de 15 ans, jusqu'à ce qu'elle soit mariée ;

Noël, 10 ans, pour 8 ans ;

Jeanne, 6 ans, pour 10 ans.

Pendant lequel temps, ledit Viardot jouira des revenus des biens des dits mineurs à eux advenus par le décès de leur mère, et les rendra en bon état à la fin du dit bail. Acquittera les dettes de la défunte et ses frais funéraux. Baillera à sa fille, quand elle se mariera, un lit garni de cuissin, quatre draps, couverte de drap, ciel, un coffre, une robe, une cotte de drap de couleur, un chaperon, chausses, souliers et chemises, le tout neuf.

Et au regard du dit Noël, sera tenu l'entretenir trois ans à l'école, à la fin desquels il le fera apprendre métier tel qu'il voudra choisir ; et à la fin de son terme l'habillera à neuf, assavoir : un manteau de drap noir, un saye, une paire de grandes chausses, un bonnet, souliers, pourpoint et chemises comme enfant de bonne maison, moyennant qu'il appartiendra au dit Viardot *tous* les meubles des dits enfants. Leur rendra leurs immeubles à la fin du dit bail, etc. (E 659, fᵒ 125).

Bail à pension. — 1577, 9 juin. Honorable homme Jaspart Parisot, marchand à Tonnerre, traite avec son fils Ithier, aussi marchand, et se donne à nourriture pour un an, du consentement de ses autres enfants.

« Ithier nourrira son père à sa table, bien et honnestement comme le filz est tenu envers le père, le couchera, chauffera et abergera en sa maison ; lui donnera une paire de solliers et une paire de pantoffles neufs ; lui donnera, chacun dimanche, douze deniers durant ledit an ; » paiera les tailles auxquelles ledit Jaspart a été imposé ; lui donnera un saye et une paire de grandes chausses de drap gris, le tout neuf, et deux chemises, un bonnet ou chapeau, au choix du dit Jaspart, et un bonnet de nuit, le tout neuf. « Et pour accommoder l'usure et chausses ci-dessus, prendra ledit Ithier une partie des plus meschans habits du dit Jaspart, pour iceux dobler. »

Prendra ledit Ithier tout le revenu des héritages du dit Jaspart, tant maisons, locatures d'iceulx, fruits et revenus des vignes, maisons des terres de Mélisey, consistant en 20 bichets de froment et orge, pendant ledit an. (E 670, fᵒ 124).

1543-44, 25 janvier. — *Contrat de mariage* d'Étienne Sargey, fils de feu Pierre, vigneron à Junay (sa mère et ses beaux-frères présents), avec « honneste » fille Claude Langlois, fille de feu Guillaume, assistée de sa mère et de ses parents. Conditions : uns et communs en biens propres et conquêts, présents et à venir.

Droits du futur : portions de maison, grange et place contiguës,

valant 50 livres; item, 15 hommes de vigne, à Junay, un verger et
cinq journaux de terre valant 20 livres; plus 25 écus sol., trois
feuillettes de vin et un setier de froment, et autres biens-meubles
estimés 40 livres, à lui advenus de la succession de feu son
père.

Droits de la future : la moitié d'une maison et dépendances en
la fermeté de Dannemoine, estimée 100 livres, quatre hommes de
vigne estimés 40 livres, deux bâtes de chenevière à Cheney,
6 livres; item, Mᵉ E. Langlois, frère de la future, lui donne
40 livres en argent comptant.

Les frais de noce en commun. — Douaire sur les biens du mari.
— Le futur donnera à sa future un demy cemot d'argent (?) montant à 10 livres ; une ceinture et signets à son usage ; plus une
robe noire doublée et un chaperon, avec un muid de vin de
l'année à venir, deux bichets de froment ; Guillaume, son frère,
lui a promis son lit garni, savoir : châlit, lit, cuissin (1), couverture, custodes, ciel et quatre draps, un coffre de chêne fermant à
clef.

En cas de mort de la femme, le mari prendra le châlit garni de
lit, coffre et habits, etc., son cheval, s'il y en a un, et ses outils.
(E 648, f° 159).

12 juillet 1553. — *Contrat de mariage* de noble Raoul Perceval,
receveur des aides à Tonnerre, avec Huguette, fille de honorable
homme Jean de Channes, marchand, tous demeurant à Tonnerre.

Formules ordinaires. — Le père de la future promet de donner
à sa fille 1,500 livres tournois. Les futurs ne seront pas communs,
soit en propres, meubles ou conquêts immeubles, nonobstant
l'art. 1, au titre : « compagnie et communauté de biens entre
hommes et femmes mariés, » es coutumes de Sens et de Tonnerre,
par lequel les mariés sont communs, à laquelle coutume les
parties ont expressément dérogé.

En cas de mort de Perceval, ladite Huguette reprendra la
somme de 1,500 livres à elle donnée par son père, et la somme de
400 écus d'or sol., sur tous les biens du défunt, avec ses habits
tant de drap de soie que autres, et outre ce, ses bagues et joyaux,
ou pour iceux la somme de 120 écus d'or, au choix des héritiers
du dit Perceval.

En outre, prendra ladite Anne, sa chambre garnie, ou pour
icelle 300 livres, au choix des héritiers. Et sera douée, en cas que
douaire ait lieu, de 100 livres de rente sur tous les biens du dit
Perceval.

(1) Oreiller, coussin.

En cas d'enfants, le survivant en aura la tutelle, avec un ou deux parents élus par autorité de justice. En cas de secondes noces, perte de tutelle, etc. (E 653, fᵒ 19).

8 septembre 1567. — *Contrat de mariage* entre Guillaume Sicard, maréchal à Tonnerre, assisté de sa mère, Nicole, veuve de Nicolas Sicard, en premières noces, et de ses parents, avec Anne de Lymoges, fille de feu G. de Lymoges, jouissant aussi de ses droits, assistée de sa mère, veuve en premières noces du dit Lymoges, et de ses autres parents.

Conditions : « selon la loy de Rome, de nostre mère la sainte Église » ; — communs en biens-meubles, immeubles, présents et à venir.

En cas de mort de son mari, ladite Anne reprendra son lit garni de quatre draps, cuissin, ciel, comble, châlit et coffre, avec ses habits, bagues et joyaux.

Si ladite Anne décède la première, Sicard prendra un lit garni comme dessus, coffre et habits, ses outils de maréchal.

En faveur du dit mariage, la dame Nicole a promis de donner à sa fille la moitié de la forge et des outils qui sont en sa maison.

L'habillera d'une robe, cotte et chaperon de drap neuf ; demeurera, ladite Anne, douée de 100 s. t. à prendre sur les biens du dit Sicard.

Et Innocent Noël, témoin, a promis de faire donner aux mariés, par Nazaire de Lymoges, frère de ladite Anne, la somme de 15 livres et une couverture de lit, « que icelui Nazaire a promis aux futurs, comme ilz disoient. » (E 660, fᵒ 27, 2ᵉ cahier).

5 janvier 1577. — *Contrat de mariage* de Nicolas Milon, taillandier à Tonnerre, assisté de Mᵉ Jean Richardot, procureur au comté de Tonnerre, son oncle, de Pierre Milon, son frère, et autres témoins, et d'Antoinette Thomaset, assistée d'honorable homme Denis Catin, marchand, son oncle.

Conditions ordinaires. — En outre, Denis Catin promet de donner à la future 100 livres ; de l'habiller honnêtement, lui bailler son lit garni de cuissin, quatre draps, couverte et ciel de toile, et de payer les frais de noces à moitié.

La future a tenu quitte son oncle des salaires qu'elle aurait pu lui demander, pour avoir servi en sa maison ci-devant et jusqu'aux épousailles.

Prendra le survivant son lit garni comme dessus, ses habits servant à son usage, avec un châlit et un coffre. Et en cas que ledit Milon survive à ladite Thomasette, il prendra en outre les outils de son métier ; Thomasette, au réciproque, prendra 20 livres.

Douaire selon la coutume du bailliage de Sens. — Engeôlera la future de bagues jusqu'à 15 livres. — Nombreuses signatures de témoins. (E 670, p. 9).

Écoles de Tonnerre. — 1550, 13 mai, Maître Jean Dugny, né à Paris, soi-disant recteur des écoles de Tonnerre, et Me Olivier Farin, prêtre, natif d'Elbeuf, aussi soi-disant recteur desdites écoles, sont en procès pardevant le bailli de Sens « pour raison des régences et escoles de Tonnerre, lesquels disoient estre proveuz tant de monsieur le Chantre de Langres que des eschevins de Tonnerre. » Dugny avait obtenu sentence provisionnelle de la jouissance des dites écoles ; à laquelle sentence un nommé Guy Bérault, écolier, se serait opposé.

Conclusion : Dugny cède et quitte audit Farin tout le droit qu'il prétend sur lesdites écoles, et consent qu'il en jouisse et en prenne les émoluments, et même le profit à lui dû du présent mois de mai, excepté neuf ou dix écoliers que Dugny baillera par écrit à Farin, desquels il n'entend prendre aucun argent, à quoi Farin a consenti. — « Consent que tous ses écoliers voisent à l'école de Farin, et a promis de remettre entre ses mains les lettres qu'il a du droit desdites écoles, moyennant la somme de 6 écus d'or que Farin lui a payés ». (E 650, f° 213).

1571, 21 avril. — Me Jean Soupplette, avocat, Adrien Boyvinet, procureur, G. Cerveau, Nazaire Chauchefoin, échevins de la ville de Tonnerre, et G. Luyson, receveur des deniers communs, prennent à location une maison consistant en quatre chambres et un grenier sur la chambre de devant, sise en Bourberault, tenant par devant à la Grand'Rue, pour trois ans, du 1er mai prochain, moyennant 20 livres par an.

« Et où il y aura aucunes démolitions esdites chambres provenant de la faute du recteur des écoles de cette ville et de ses escoliers, que les reteneurs ont dit y vouloir loger, seront iceux reteneurs tenus de faire réparer, etc. » (E 661, f° 187, 3e cahier).

Fortifications de Roffey. — 1575, 22 mars. — Philippe Boucher, seigneur de Roffey en partie, et Maurice de Lymelle, maître de l'hôpital des Fontenilles de Tonnerre, seigneur de l'autre partie de Roffey, d'une part, et les procureurs des habitants dudit Roffey, de l'autre, délibèrent au sujet du projet de clore de murs ce village.

Ceux-ci avaient exposé « que pour obvier aux incursions, tenemens de champs et forces que plusieurs gens de cheval et de pied, eulx disans aller au service du Roy, font au bourg dudit Roffey, par le moyen de ce qu'il n'est clost ni fermé, et si on n'y obvie ils seront ruinez et contraints de laisser le lieu de Roffey, et s'en aller résider ailleurs, » ils demandent donc de mettre en labour partie de leurs usages et communaux montant à 69 arpents, et de les diviser entre eux, à charge d'en payer aux seigneurs 12 deniers de cens par arpent.

Les seigneurs consentent à ce que les habitants puissent obtenir lettres du Roi « pour eux clore et fermer ainsi qu'ils verront estre bon. » Ils permettent de défricher les communaux à condition de ne les vendre qu'aux habitants de Roffey. — Procuration des habitants au nombre de 61. (E 667, p. 118.)

Morcellement d'héritages. — 11 mai 1570. — Vente par Jean Minerat, laboureur, et Anne Grangey, sa femme, demeurant à Tonnerre, à Mᵉ Jean Parisot, marchand audit lieu, d'héritages situés à Mélisey et à Chamelard, composés de 39 pièces de terre formant 44 journaux (1), et morcelées en demi, trois quarts et quart de journal, chargés de 12 gerbes l'une de dime envers le seigneur, moyennant 528 livres, composées de : 86 écus d'or, 51 écus pistolets d'or, 3 écus à la reine, 5 doubles impériales d'or, 2 doubles Henri d'or, 1 noble rose, 1 ducat à la Notre-Dame, 1 ducat à la petite croix, 1 long vestu aussi d'or, 1 masse, tous d'or et de poids, 1 Philippe talle d'argent, 8 tallards, 1/2 tallard, 5 jocondalles 1/2, 8 quarts de Philippes talles, 4 testons de Roi, 1 teston de Lorraine et le reste de karolus, monnaie courante. — (E 661, fᵒ 24, 2ᵉ cahier.)

Procès-verbal à l'occasion d'un acte déchiré. — 1588, 23 octobre. — Mᵉ Pierre Petitjehan avait commencé d'inscrire sur son registre de notariat une « lettre de vente d'héritages » consentie par un nommé Jean Baigne, vigneron, à Jean Choullier, lorsque des difficultés s'élevèrent entre les parties. La discussion s'enflamma tellement que Baigne « de force auroit empoigné le registre duquel il auroit en furie froissé deux feuillets, au premier desquelz est ladite lettre de vente. » Sur la plainte de Mᵉ Petitjehan, le lieutenant du bailli, Pierre Turreau, fait comparaître devant lui, chez le notaire, Baigne et Choullier, le premier fort sot.

A la suite du procès-verbal, un jugement, mentionné seulement en marge du registre, condamna le délinquant à l'amende.

Le registre a conservé le talon des deux feuillets lacérés qui ont été rattachés à un autre feuillet, sur lequel est le procès-verbal relaté ci-dessus. — (E 676 fᵒ 214.)

Quittance d'objets mobiliers,   1553, 19 mai. — Reconnaissance, par Nicole Gogoys, veuve a ... able homme Bertin Levuyt, contrôleur des deniers communs de la ville de Tonnerre, aux

_____

(1) Le journal de terre valait 22 ou 34 ares.

tuteurs des enfants mineurs du défunt et de sa première femme, pour la dépense faite par Germain et Zacharie Levuyt, « pendant qu'ils ont esté aux escoles, » et d'autres dépenses faites par elle, de chevaux, meubles et objets divers qui lui ont été donnés en paiement, savoir :

	Livres.	Sols.	Den.
Deux chevaux, avec leurs harnois estimés...............	16	»»	»»
Une arbalète et la geaulge, avec quatre traits............	»»	36	»»
Un coffre de « fou » (1) au grenier, fermant à clef.......	»»	4	»»
Trois « mosles à faire chandelle »....................	»»	5	»»
Un clive à blé............................	»»	»»	20
Une baignoire et six bichets de blé....................	4	10	»»
Deux grands oreillers et deux petits....................	12	6	»»
Un ban de bois en la grande chambre..................	»»	20	»»
Une paire de chenets en la chambre sur la cuisine.......	»»	20	»»
Trois aunes et demie de drap gris....................	»»	70	»»
Un coffre de bois de chêne, en la chambre devers la rue..	»»	55	»»
Trois sacs de treillis.............................	»»	7	6
Deux chauffrettes de fer	»»	7	6
Trois cuillières.................................	»»	2	6
Une marmite de fonte et couvercle...................	»»	12	»»
Trois moyens pots..............................	»»	10	»»
Une grande lèchefrite et une moyenne.................	»»	12	»»
Deux pelles d'acier	»»	7	6
La moitié des pots de cuisine......................	»»	77	3
Une bassinoire à bassiner lits......................	»»	15	»»
Six chandeliers et un coquemard....................	»»	20	»»
Un chaslit de la cuisine, lit dessus et le reste...........	7	»»	»»
Une image de Notre-Dame.........................	»»	25	»»
Un plat d'airain	»»	40	»»
Un saloir, trois quartiers de lard et un jambon..........	13	6	»»
Un autre saloir fermé à clef où il y a sept quartiers de lard et dix jambons	15	15	»»
Une tasse d'argent.............................	4	11	3
Six muids de vin nouveau	21	»»	»»
Quatre muids à quarante sols	8	»»	»»
Un muid de boisson.............................	20	»»	»»
Cinq muids de vin vieux à 35 sols le muid	8	15	»»
Un râpe......................................	»»	10	»»
Six muids de vin vieux...........................	10	16	»»
Un entonnoir et une tine..........................	»»	12	»»
Un vaisseau à poissons...........................	»»	7	»»
Deux chaslits, l'un de lit, l'autre de couchette...........	»»	30	»»
Un seau......................................	»»	7	6

(1) Bois de hêtre.

	Livres.	Sols.	Den.
Une maie de bois de foul..........................	»»	3	4
Deux coffres de chêne avec serrure................	»»	14	»»
Six bichets de noix................................	»»	30	»»
Six muids trentain_ et trois feuillettes...............	»»	40	»»
Les charretins, tombereaux et roues	»»	110	»»
Une demie corde de bois à chauffer.................	»»	15	»»
Une des cuves, la moyenne..........................	6	»»	»»
Un veau...	»»	30	»»
Trois mortiers dont deux de pierre et un de fer, avec le pilon	»»	16	»»
Trois draps d'étoupes, fort usés......................	»»	10	»»
Six autres mi-usés	»»	60	»»
Six draps linge....................................	»»	60	»»
Un ciel et les custodes	»»	20	»»
Un devantier.......................................	»»	»»	10
Un grand drap de lit................................	»»	25	»»
Un drap d'étoupes	»»	7	»»
Quatre draps de lit	4	»»	»»
Deux grands draps de lit	»»	18	»»
Une douzaine de serviettes neuves...................	»»	25	»»
Une douzaine et demie de serviettes, la douzaine 20 sols.	»»	30	»»
Une nappe...	»»	36	»»
Cinq paniers.......................................	»»	»»	15
Une coignée.......................................	»»	3	»»
Deux nappes.......................................	»»	45	»»
Deux tourneaux....................................	»»	»»	12

Plusieurs livres de fil, des pièces de bois, des javelles, des trappes de fer, etc. (E 652, f° 253,

Travaux à des maisons. — 1566, 27 décembre. — Jean et Pierre Desmaisons, charpentiers; Berthelot aîné, maréchal; P. Mothier, couvreur, et Pasquet Dolyvet, maçon, tous demeurant à Tonnerre, donnent reçus à Mᵉ Éloy Branche, praticien audit lieu, les Desmaisons, de 15 livres pour « avoir raccostré et reserré et remis en plomb et aligné avec cordages et vezins (?) le maisonnement de la Chèvre, sis au faubourg de Bourberault, près Saint-Esprit, appartenant audit Branche.

Berthelot a reçu 100 sols pour faire les bandes de fer, liens, crampons, chevilles et clous pour attacher et retenir le bois de la saillie, poutres et solives dudit bâtiment.

Pasquet a reçu 70 sols pour faire une montée et marches de degrés de pierre de taille, etc.

Mathieu, 60 sols pour avoir recouvert et « torché » ledit bâtiment, et y a employé en couverture un millier et demi d'aissy, estimé 60 sols, plus clous et lattes : 12 sols 6 deniers, et le charroi d'icelles et paisons, 45 sols. — (E 665, f° 78.)

Vente de maison. — 4 novembre 1565. — Vente par Jacques de Charmes, apothicaire à Tonnerre, à J. Parisot, tonnelier audit lieu, d'une maison de fond en comble, consistant en cave, caveron voûtés, cellier dessus, chambre basse, chambre haute et grenier dessus, boutique devant et arrière-boutique et dépendances, située près le Pilory, où le vendeur demeura, à charge de 2 deniers de cens envers le comte de Tonnerre, moyennant la somme de 1,000 livres tournois payées manuellement et comptant, savoir : 500 livres en 25 écus soleil, 20 ducats à deux têtes, 1/2 pistole, 1 maille horne et le reste en carolus et les 500 autres livres payables, etc. — (E 657, f° 34.)

Vente de maisons et de mobilier. — 1573, 5 octobre. — Vente par Nicolas de Brion, licencié en la justice de Nicey, à Huguenin Colin, boulanger audit lieu, de maisons et de leur mobilier ;

De deux corps de logis attenant l'un de l'autre, sis à Nicey, Grande-Rue, tenant à la rue Judas, plus trois potelées 1/2 de grange et droit de battre en ladite grange, un petit jardin ; item, tous les meubles desdites maisons, savoir : trois lits garnis de chaslits, ciel, custodes, couvertes et deux draps à chaque lit, avec une « cochette » garnie comme dessus ; 4 tables garnies de tréteaux, bancs et fermes ; une paire d'armoires, 3 coffres fermant à clef, tant de bois de chêne, faoug (1), qu'érable ; 40 livres d'étain tant en pintes, plats, écuelles qu'assiettes, « escript au nom du vendeur ; »

Un cheval noir, harnaché de son harnois, deux charrettes, un tombereau garni de roues, deux mottes de foin de vingt voitures ou environ, deux grandes chaudières, trois chaudières moyennes, deux grandes poêles, le tout d'airain ; deux chandeliers de cuivre et trois pots de fer, trois paires de chenets, quatre crémaillères de fer ;

Pour la somme de 300 livres payable à divers créanciers du vendeur, moins 40 livres qui lui ont été payées à lui-même. — (E 666, f° 61.)

PIÈCES JUSTIFICATIVES

I

13 février 1569.

Marché pour la construction d'une maison à Tonnerre, par Pierre Desmaisons, charpentier, au profit de Jacques Garnier, « artillier. »

Furent présens en leurs personnes honnorable homme Jacques Garnier, artillier, demeurant à Tonnerre, d'une part, et Pierre Desmaisons aisné,

-----

(1) Faoug, foul, bois de hêtre.

charpentier dudict Tonnerre, d'autre part ; lesquelles partyes ont recon-
gneu avoir faict entre eulx le marché qui s'ensuit. C'est assavoir que
ledict Desmaisons a promis de faire et parfaire bien et deuement, au dict
de gens à ce cognoissans, de son estat de charpentier, un corps de
maison de hault en comble, en une place appartenant audict Garnier,
assise et scituée en la rue de Rogemont, tenant d'une part à Mᵉ Pierre
Catin, d'autre à Loys Prudot, par devant à la rue commune et par derrière
au doyen de ce lieu, consistant en chambre basse, ouvrouer et boutique,
deux chambres haultes, essaulement sur icelle de six pieds avec le
comble. Seront les solives dudict logis emmurées dedans les poultres et
chargés près l'une de l'autre de sept poulces environ.

Se fera ung pan sur le devant dudict logis à même croysée, avec tout
le boys traverssans, élégy, la boutique de devant à l'avenant ; une ramée
avec les chevrons, gembettes et aultres choses éligiées audict estat à ce
convenables. Sera aussi faict ung pan de boys de cloison régnant depuis
le commencement dudict logis, sur la rue, jusques au derrière d'icelluy
bastiment, de la haulteur d'ung estage, ung aultre pan en bas qui sépa-
rera lesdictes boutique et chambre basse de la hauteur dudict étage.
Sera faict aussi une vifz sur le derrière dudict bastiment, qui sera fondée
sur l'entrée de la cave dudict comble régnant jusques au dessus desdictes
chambres haulles, avec une gallerye qui se fera sur le devant dudict
logis, en l'étage second, qui sera perdue moityé dedans ledict logis sur
le pan de boys, et aura moityé sortye par dehors.

Sera faict du costé et attenant dudict Prudot ung pan de boys sur la
muraille mitoyenne d'entre lesdicts Garnier et Prudot, de la haulteur
d'un estage et essaulement de six pieds, comme dict est. Et ausdictes
chambres haultes seront faiotz deux pantz, l'un pour la séparation d'icelle
et l'aultre qui sera sur l'allée pour faire entrer sur la chambre de devant.
Le tout bien faict, au dict d'ouvriers, et rendue la besongne faicte et
parfaicte dedans le jour de Pasques-charnelles prochaines.

Sera tenu ledict Garnier, fornir tout le boys en place audict Desmaisons. Et pour la façon dudict bastiment payera ledict Garnier audict
Desmaisons la somme de cinquante livres t., en besongnant, au prorata
de sa besongne. Le tout à peine de despens, dommages et intéretz res-
pectivement, l'ung envers l'autre « dou mal divisé bien besongné. »

Car ainsi, etc. Si comme, etc., promettant, etc., obligeant, etc., *hinc
inde*, etc., renonceant, etc.

Faict et passé audict Tonnerre, présens Mᵉ Symon Colin, procureur
du Roy en l'élection de Tonnerre, et Valentin Marceau, manouvrier
dudict Tonnerre, tesmoings. Ledict Marceau a dict ne sçavoir signer.

Signé au registre : A. Petitjehan, J. Garnier, S. Colin, avec paraphes.
(Marque dudit Desmaisons) (1).

———

(1) Arch. de l'Yonne, Protocole de Tonnerre, E 661, fᵒ 3, vᵒ.

II

25 juillet 1569.

Marché pour plantation de vigne.

Fut présent en sa personne Servais Hélye, vigneron, demeurant à Tonnerre, lequel a confessé avoir marchandé et promis à Jehan Maire, boulanger audit lieu, à ce présent, de planter et diriger en vigne ung quart de journal de terre ou environ, assis au finage de Tonnerre, au lieu dit le Vau-de-l'Aumosne, appartenant audit Maire, tenant d'une part à Jehan Lasche, etc., lequel quart de journal de terre ledit Hélye recongnoissant sera tenu de planter comme dessus, de secqs de vigne et de bon plant, l'hiver prochain venant, et le labourer bien et deuement en temps et saison, selon que une plante le requiert, durant le temps et terme de quatre ans prochains consécutifs, à la fin desquels ledit Hélye sera tenu de rendre ladite plante bien et deuement reprise de secqs et plan de vigne. Et où cas qu'il y convienne mectre paisseaux pour soustenir les secqs et bois qu'elle apportera ; lesdites parties seront tenues de les fournir par moitié, moyennant que pour les façons et choses cy-dessus que ledict Hélye aura faictes, se partira ladicte plante de vigne entre lesdictes parties par moitié dont ledict Maire en aura la moitié à telle rive qu'il le vouldra prendre et choisir, et ledict Hélye l'aultre moitié, et dont séparation et limitation se fera à la fin desdictes quatre années. Et a esté accordé entre lesdictes parties que le corbier estant audict héritage cy-dessus, demeurera, compétera et apartiendra audict Servais Hélye, seul, moyennant la somme de trente sols t., que ledict Hélye sera tenu de payer audict Maire, au jour de Saint-Remy, chef d'octobre prochain venant. Car ainsi, etc., si comme, etc. Faict audict Tonnerre, présens Jehan Gobault, dit Vallier, demeurant aux Mullots, et Claude Hélye, l'aisnel, laboureur, demeurant à Athées, tesmoins. — Signé en la notte des présentes, Hélye et J. Lemaire.

Signé au Protocole : LEVUYT, notaire.

(E 660, Protocole de Tonnerre).

TABLE

NOTE

SUR DEUX SCEAUX DE L'HÔPITAL DE JOIGNY

Par M. Max. Quantin.

La comtesse Jeanne, épouse de Charles de Valois, comte de Joigny, fondatrice de l'Hôpital de Tous-les-Saints de cette ville en 1330, le dota magnifiquement et fixa par sa charte de fondation les conditions suivant lesquelles elle voulait que le service hospitalier et charitable fonctionnât dans cette maison. Tout fait présumer qu'elle voulut présider également à la composition du grand sceau de l'hôpital destiné à authentiquer les contrats qui seraient passés dans l'avenir.

Le sceau que nous avons eu en communication, mais dont nous n'avons pu obtenir que l'empreinte (1), a un aspect solennel. Il est orbiculaire de 0ᵐ04 de diamètre. Il représente le Christ assis demi-nu, les bras ouverts, montrant les plaies de ses mains ; à droite et à gauche sont deux saints agenouillés, et derrière chacun d'eux une fleur de lis qui rappelle la maison de France dont est issu le comte de Joigny, Charles de Valois.

Sur un rang inférieur sont, à gauche du spectateur saint Pierre et saint Paul, un aigle, la tête tournée vers la gauche, et à droite une reine tenant un oiseau de la droite et un édifice de la gauche, et ensuite un évêque. Enfin, plus près du bord du sceau, au-dessous de ces sujets, est la comtesse fondatrice à genoux et

(1) Les deux sceaux en cuivre qui font l'objet de la présente note appartenaient à Mᵐᵉ veuve Michaut, originaire de Joigny, qui en a fait don à un ami de feu son fils. Il est regrettable de voir ces petits monuments perdus pour le département. Voyez les empreintes dans la collection des sceaux du musée.

tenant un petit édifice surmonté d'une croix annonçant la fondation de l'hôpital.

La légende en lettres onciales contient ces mots :

S. HOSPITALIS DE JOIGNIACO NUNC PERFONDATI.

Le caractère des lettres accuse bien le XIV° siècle. L'expression
nunc perfondati (sic) montre que l'hôpital venait d'être fondé et
confirme la date que nous donnons au sceau.

Un deuxième sceau plus petit, datant du XV° siècle, représente
un écu parti à sénestre d'un demi aigle éployé, qui est de Nòyers,
dont les comtes de Joigny descendaient ; et à dextre parti d'une
demi fleur de lis, rappelant la maison de France.

Légende en minuscule gothique : LE S. DU MAISTRE DE L'HOPITAL
DE JOIGNY.

LES LE COSQUYNO, SEIGNEURS DE FULVY,

ET LEUR CHAPELLE AU CIMETIÈRE D'ANCY-LE-FRANC.

Par M. Max. QUANTIN.

Séance du 7 novembre 1886.

Les chapelles funéraires qui s'élèvent dans les cimetières chré-
tiens forment souvent de beaux monuments, témoignages de la
piété et de l'amour des parents des morts pour leurs proches
regrettés. L'usage d'ériger des chapelles à la mémoire des morts
remonte à la plus haute antiquité ; nous n'en citerons pas des
exemples étrangers à notre département. Nous nous borne-
rons à mentionner les plus anciennes, celles des cimetières de
Mailly-le-Château, de Saint-Fargeau et de Saint-Thibaut de Joigny,
autrement dite la chapelle des Ferrands, du nom de la famille à
qui elle appartenait. Celle-ci était un joli édifice de style Renaissance, qui est englobé aujourd'hui dans les bâtiments du palais de
justice. Enfin nous nous arrêterons à la chapelle des Le Cosquyno,
érigée dans le cimetière d'Ancy-le-Franc, et dont nous publierons
un croquis (1).

La famille des Le Cosquyno, dont le nom semble indiquer une
origine bretonne, était seigneur de Fulvy et Méreuil en partie, dès
le XVᵉ siècle. L'acte le plus ancien qui fasse mention des Le Cos-

(1) Nous avons été amené à rédiger la notice qui va suivre par la communication obligeante que nous a faite M. Rouyer, contrôleur des contributions à Tonnerre, d'une liasse de titres concernant la famille de Le
Cosquyno. Ces documents lui sont advenus de M. Fourneret, de Fulvy,
ancien procureur du Roi, son grand-oncle, qui les avait hérités de son
grand-oncle, M. le capitaine Chatat, époux de la veuve du dernier des
Le Cosquyno. Ils nous ont servi presque uniquement pour notre travail.

quyno, est un partage, du lundi après Saint-Nicolas 1420, entre
Jean Le Cosquyno, écuyer, seigneur de Fulvy et Méreuil, en
partie, et Adrianne, sa sœur, de la succession de feu Lancelot,
écuyer, seigneur de Fulvy, leur frère (1). Cela montre l'existence
de cette famille, à Fulvy, au moins au xive siècle. Nous avons fait
faire en vain des recherches dans les archives de Bretagne et
ailleurs, nous n'avons pu rien découvrir d'antérieur.

L'un des Le Cosquyno, Jean, épousa, le 15 août 1478, Jeannette
Maldan. Ils possédaient déjà leur petit manoir de Fulvy près
d'Ancy-le-Franc.

C'est à un Jean Le Cosquyno, procureur du roi et receveur de
ses finances, qu'est due la chapelle du cimetière d'Ancy-le-Franc.
Il l'a fait bâtir en 1526 et l'érigea en l'honneur de l'Exaltation de
la Sainte-Croix, pour y recevoir le tombeau de son père Jean,
receveur des tailles, seigneur de Fulvy, mort en 1518, et ceux de
son aïeule, de sa femme et de ses neveux. Lui-même mourut au
mois de juin 1530 (2),

Depuis ce temps-là, il s'est succédé plusieurs générations de
Le Cosquyno, et l'on remarque que presque tous portaient le
prénom de Jean et qu'ils étaient seigneurs de Fulvy (3) en partie.

Nous dirons seulement quelques mots de plusieurs d'entre eux,
en faisant remarquer déjà que cette famille s'est perpétuée jusqu'au moins à l'an 1760, comme seigneurs, en partie, de Fulvy.
Plusieurs des membres ont servi le Roi dans les armées, comme
officiers, sans s'élever toutefois très haut et sans avoir la gloire
des Davout et des Vauban, sortis tous deux, comme eux, d'une
petite noblesse de nos pays.

Nous voyons, au xvie siècle, que les Le Cosquyno étaient
attachés au service des comtes de Tonnerre. Jean de Cosquyno
était officier de François du Bellay, comte de Tonnerre, et il
assista, en 1566, au marché que fit ce seigneur avec Jean Verdot,
maçon à Tonnerre, pour la construction du château de Maulne,

(1) Cet acte est visé dans un arrêt du 15 avril 1654.

(2) Voyez l'inscription à la suite de la présente notice.

(3) Au xvie siècle, la terre de Fulvy était déjà divisée en plusieurs parties. Il est fait mention alors des familles Le Garennier et de Chesley
comme seigneurs de Fulvy. Au xviie siècle on voit les Orry, seigneurs
de Fulvy, l'un contrôleur général, et l'autre, Jean, intendant des finances ;
le dernier Orry, fils de l'intendant, fut Louis-Philibert, poète fécond et
fabuliste. Jean Orry avait fait ériger la terre de Fulvy en marquisat. Nous
n'avons pas à nous occuper de ces personnages.

V. *Notice sur les Orry de Fulvy*, par M. E. Petit, *Annuaire* de 1862.

dans la forêt de ce nom, en Tonnerrois. (E 657). Il prit ensuite une part active aux travaux qui en furent la conséquence. Le comte l'avait chargé spécialement de payer les entrepreneurs, ainsi qu'on le voit par des actes signés de la comtesse Louise de Clermont, après la mort de son mari, et qui relatent des dépenses s'élevant à la somme de 5,655 livres.

Un fait curieux, et que les actes intéressant la famille Le Cosquyno n'expliquent pas, c'est qu'en 1580, Jean Le Cosquyno et sa femme, demoiselle Antoinette Veluau, avaient embrassé le protestantisme, car ils firent alors baptiser leur second fils, Louis, « par le ministre de la parole de Dieu, en l'église réformée recueillie à Fulvy », en présence de Louise de Clermont, duchesse d'Uzès, et de son neveu, le comte Charles-Henri de Clermont, qui gouvernait le comté de Tonnerre sous son autorité. Ces deux personnages servirent de parrains à l'enfant (1).

Jean Le Cosquyno se trouva encore à des batailles contre les Ligueurs et fut l'un des commissaires pour l'impôt à établir en vertu de l'édit du Roi « sur ceux de la religion », pour rembourser le roi de Navarre et d'autres seigneurs (2).

Au milieu du XVIIe siècle, le gouvernement du Roi ayant imaginé de rechercher les faux nobles pour les obliger à payer les tailles, les Cosquyno furent tenus de produire les titres de leur état, et ils obtinrent, en 1654, un arrêt de la Chambre souveraine des francs-fiefs, qui déclara leur représentant Jean Le Cosquyno, seigneur de Fulvy, « de race noble », et ordonna la levée de la saisie de son fief (3).

Mais les gens du fisc ne se tinrent pas pour battus, et ils se retournèrent du côté de la Cour des Aides pour faire condamner le sieur de Le Cosquyno à payer les tailles. Nouvelle procédure, productions de pièces, enquêtes justifiant de la noblesse des Le Cosquyno, etc. C'est parmi ces pièces que se trouvent un procès-verbal descriptif du 4 février 1664 et des dessins de la façade et de l'intérieur de la chapelle des Le Cosquyno existant au cimetière d'Ancy-le-Franc, et auxquels nous avons emprunté une partie de la description de ce monument, qu'on lira ci-après (4).

---

(1) V. *Pièces justificatives* n° 1.

(2) Minute d'une réplique de Louis et Jean Le Cosquyno au procureur général des Aides, vers 1650.

(3) V. Bibl. nat., *Armorial général* dressé par d'Hozier, Bourgogne, t. I, 145, les armoiries des Le Cosquyno.

(4) Les dessins, au nombre de trois, façade, voûte et inscription du sanctuaire, sont faits à la plume et coloriés. Ils n'ont pas un grand mérite

Enfin, après de longs débats, il est intervenu, le 23 avril 1678, un arrêt de la Cour des Aides qui confirma dans sa noblesse Louis Le Cosquyno, seigneur de Fulvy, garde général des meubles de la couronne, en conséquence des lettres patentes du roi du 21 juillet 1677. Le texte vise le mandement royal et porte que « s'il apparoit « à la Cour que Louis le Cosquyno feust frère de Jean Le Cos- « quyno et de la famille dont la noblesse a été confirmée par « arrêt de ladite cour, du 11 septembre 1664, elle eût à maintenir « ledit Cosquyno en cette qualité de noble, etc. »

Depuis ce temps, les Le Cosquyno continuent à consacrer leur vie au service du Roi (1). Ils comparaissent à la convocation de l'arrière-ban du bailliage de Semur, et, en 1689, François Le Cosquyno est exempté de la contribution de ce service, parce qu'il justifie que son fils est à l'armée.

Dans une autre convocation, il est encore exempté, « son fils ayant été tué au service du Roi, et en outre parce qu'il est hors d'âge, ayant 69 ans ». Il fut néanmoins taxé à 40 livres, puis, en 1695, réduit à 100 sous, attendu qu'il avait été obligé d'aliéner son bien pour payer les grands frais faits par son fils aux armées. On voit, par son acte de baptistère, qu'il était né en 1623 et que son fils avait été tué en 1692. L'absence de documents ne permet pas de connaître le rôle de cet officier ni la bataille où il périt, mais on peut croire que c'est au combat de Steinkerque, dans les Pays-Bas, où le duc de Luxembourg battit le prince d'Orange, le 3 août.

Au XVIII° siècle, les Le Cosquino continuent à être seigneurs de Fulvy, en partie, et de Méreuil, village jadis voisin de Fulvy, mais détruit depuis longtemps. En 1744, Nicolas Le Cosquyno, capitaine au régiment de Guyenne, et Jean, son frère, chevaliers de Saint-Louis, font restaurer la chapelle de Sainte-Croix, du cimetière d'Ancy-le-Franc, « anciennement bâtie par Jehan Le Cosquyno, écuyer » ; et la bénédiction de ce petit monument eut lieu le 4 mars 1744. (Inventaire des Arch., Supp. E, commune d'Ancy-le-Franc).

· Le 30 juillet 1760, Nicolas Le Cosquyno meurt et est encore

_____

artistique, mais sont cependant animés d'un certain air de vérité qui plaît. L'auteur est un sieur Laurent Laigneau, maître peintre à Ancy-le-Franc.

(1) M. Le Cosquyno produisit, dans son procès contre le procureur général de la Cour des Aides, quatre certificats de ses services dans les armées royales, délivrés par les maréchaux de Bussy et de L'Hôpital et par le comte de Tonnerre, lieutenant du Roi au gouvernement de Grenoble.

enterré dans la chapelle de Sainte-Croix, où il a une inscription commémorative.

Les dernières personnes alliées aux Cosquyno qui furent enterrées dans cette chapelle sont, en 1787, dame Jeanne-Etiennette de Pampelune de Genouilly, veuve de Nicolas de Le Cosquyno, et épouse en deuxièmes noces de Ch. Mammès Chatat, ancien capitaine au régiment royal d'infanterie, chevalier de Saint-Louis, qui y reçut lui-même la sépulture en 1806. Il n'existe plus de descendants de la famille des Le Cosquyno dans le pays.

Description de la chapelle existant dans le cimetière d'Ancy-le-Franc (1).

La chapelle dite de Sainte-Croix, érigée dans le cimetière d'Ancy-le-Franc, présente une façade de style Renaissance très régulière et flanquée de deux contreforts. Elle est construite en pierres de taille et divisée en deux étages par une double et large frise, le tout couronné d'une corniche et d'un fronton surmonté d'une croix. Ses dimensions sont de 9 mètres 60 de hauteur et 5 mètres de largeur.

On accède par un escalier de plusieurs marches à un portail richement orné qui est comme encastré dans la façade. Deux pilastres composites à longs pendentifs ornementés, portant des coqs sur leurs chapiteaux et sur leur masse, encadrent la porte surbaissée dont les vanteaux sont munis de rosaces et de balustres.

La première frise est remplie par deux génies ailés terminés par de larges feuillages recourbés et supportant l'écusson des Le Cosquyno, qui représente *un coq tourné à senestre, sur champ d'azur, accompagné de deux étoiles en chef d'or, et d'un croissant d'argent en pointe.*

De chaque côté de la frise est une fleur de lis. Sur le bandeau qui est au-dessus, on lit ce vers :

Invidiam virtute para, vincasque ferendo (2).

Les pilastres se prolongent au-dessus de la deuxième frise en fleurons élancés. Au centre du tympan est une niche cintrée, vide

(1) Le dessin que nous donnons est une réduction de la vue de la chapelle faite en 1664. M. Vaudin, notre confrère, qui a bien voulu faire ce travail, s'est conformé avant tout à la reproduction exacte du dessin, sans s'en dissimuler les défauts de perspective, surtout à l'escalier.

(2) Ces mots ont été mal reproduits par la gravure.

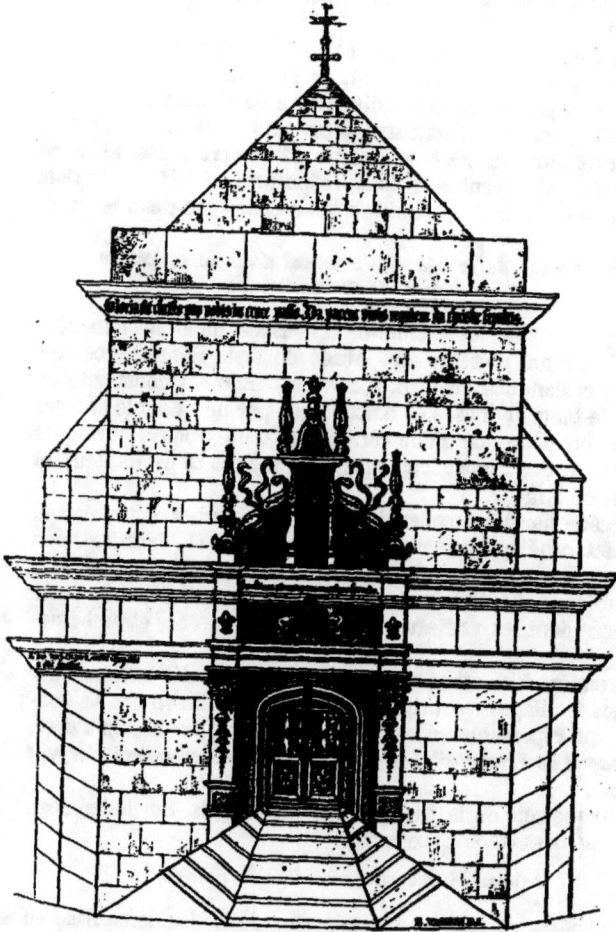

Chapelle funéraire de la famille des Le Cosquyno, dans le cimetière d'Ancy-le-Franc.

aujourd'hui, couronnée par un édicule accompagné de deux fleurons dans le genre des précédents.

Tout en haut de cette façade, sous la corniche, on lit l'inscription suivante, en une seule ligne :

Gloria sit Christo, pro nobis in cruce passo
Da pacem vivis, requiem da Christe sepultis.

La date de la construction de la chapelle est inscrite à gauche de la corniche d'en bas :

> L'an ᴍᴠᵉxxᴠɪ, ceste chapelle a esté bastie.

La même corniche et celle de droite contiennent encore deux inscriptions latines omises par la gravure. Les voici :

> Per crucis hoc signum fugiat procul omne malignum,
> Atque per hoc signum da Deus omne bonum.

Et à droite :

> Tuam crucem adoramus et veneramus Domine Jesu-Christe, salvator mundi, eleyson, qui in cruce passus et Domine miserere nobis. 1526.

A l'extrémité du chevet était, autrefois, une statue de saint Michel, et sur les quatre angles de la chapelle étaient aussi quatre anges portant les attributs de la Passion.

Derrière le chevet, tout en haut, sont gravés ces mots en longues lettres :

> O crux ave, spes unica. Requiescat in pace.

L'intérieur de la chapelle est blanchi à la chaux et a perdu tout caractère artistique. Il nous faut donc recourir au procès-verbal de 1664 et aux dessins à l'appui pour rétablir l'état primitif des lieux.

Disons d'abord que la chapelle est longue de 7 mètres et large de 5 mètres dans œuvre. Elle est éclairée par une longue fenêtre ogivale à meneaux à demi brisés, ouverte au chevet. La voûte, haute de 7 mètres 30, composée de liernes et de formerets peints or et bleu, avait le fond semé de coqs et d'étoiles d'or sans nombre. A la clef est l'écusson des Le Cosquyno, timbré d'un casque et supporté par deux anges.

Contre la muraille étaient peintes les armes de France, supportées par deux anges et entourées de ce vers :

> Regibus in cœlis data sunt insignia Gallis.

Et au-dessous, une salamandre.

A gauche de la fenêtre est une piscine à pilastres portant des coqs sculptés.

Tout autour de la chapelle régnait, comme une tapisserie peinte de six pieds de haut, un fond d'azur semé de fleurs de lis d'or ; et en quatre endroits étaient peintes les armes des Chalon, des Husson et de La Marck.

Au côté droit de l'autel, on lit encore l'inscription suivante, soutenue par deux anges, laquelle a été gravée par ordre de Jean

Le Cosquyno, écuyer, procureur du roi, à la mémoire de son père
Jean, de son ayeule et de sa mère, de sa femme et de ses neveux.
Il y rappelle aussi que la chapelle a été bâtie par lui en 1526. On
y ajouta ensuite qu'il est mort au mois de juin 1530.

D. O. M.

Ad honorem sanctæ crucis, sub ejus exaltatione titulo
In tumulum patris sui Ioannis Le Cosquyno scutarii, Dominus de Fulvy
Ibi jam ab anno M.VᵉxvIII jacentis Odonæ et Joannæ aviæ et
Matris, necnon in suam conjugis nepotumque sepulturam
Filius eorum unicus Joannes Le Cosquyno scutarius, Dominus de Ful-
vy, regius procurator, suis sumptibus sacellum hoc ædi-
ficari curavit, anno Domini M.DXXVI. Obiit pridie
nonas junii anni M.Vᵉxxx.

DISTICON.

Hic genitor, matresque jacent clarusque sacelli
Cosquyno fundator, pace fruantur. Amen.

—

PIÈCES JUSTIFICATIVES.

I

Baptême protestant de Louis, fils de Jean Le Cosquino, sʳ de Fulvy.

16 octobre 1580.

Je soubzsigné Jehan Chesnel, ministre de la parole de Dieu en l'église
refformée recueillie à Fulvy, atteste et certifie aux frères ministres et
tous fidelles de l'église refformée, que Louys, second fils de Jehan Le
Cosquyno, escuier, seigneur de Fulvy, et de damoiselle Anthoinette
Veluot, a receu par mon ministère le baptesme en nostre religion ce
jourd'huy datte des présentes, du consentement et à la semonce dudit
sieur de Fulvy, son père, en présence de Mgr Charles Henry, comte de
Clermont et de madame Louyse de Clermont, duchesse d'Uzez, qui ont
nommé ledict Louys, présents plusieurs fidelles de ladicte église.
En foy de quoy j'ay signé la présente attestation audit Fulvy, l'an mil
cinq cens quatre-vingts, le dimanche 16ᵉ jour du mois d'octobre.

Signé : J. Chesnel, et parafé.

(Original appartenant à M. Rouyer, contrôleur des contributions à
Tonnerre).

II

1604-1609.

Un compte rendu par Louis Cosquyno, qui s'intitule « commis
de M. du Hamel, contrôleur général de l'argenterie du Roy, » à
son frère Paul, avocat au parlement, des dépenses faites pour lui

« depuis le 28 avril 1604, auquel moy, Paul Cosquyno, suis parti pour aller à Toulouze pour faire mes estudes en droit jusqu'au 31 août 1608, » et qui revint de Toulouse le 24 mai 1607, et se fit recevoir avocat au parlement de Paris. Ce compte fournit des détails intéressants sur la manière dont se faisaient alors les études d'un fils de bonne maison et sur son entretien loin de sa famille. On y voit l'emploi de nombreux messagers attachés à l'Université de Toulouse qui parcouraient la France pour recueillir des parents des étudiants les sommes nécessaires à l'entretien de ces derniers.

Quand Paul Cosquyno eut terminé ses études, il revint à Paris, se fit recevoir licencié en droit et immatriculer au rôle des avocats au parlement.

Le même compte contient encore de curieux détails sur le prix et la façon des vêtements et du costume du même Paul de Cosquyno : la robe de serge du palais, la ceinture de soie et le bonnet carré.

Despense et fournitures faictes par moy, Loys Cosquyno, pour mon frère Paul Cosquyno, depuis le 28 avril 1604 jusqu'à présent (1).

Le 7 août 1604, j'ay envoyé à mondict frère Paul, à Toulouze, pour sa nourriture, par Durand Razouz, messager dudict Thoulouze, 77 livres 17 sols, suivant quittance dudit Razouz. . . . .   77 l. 17 s.

Plus je luy ay encore envoyé, le 21 décembre audit an 1604, par David Ballard, aussi messager dudict Thoulouze, 63 livres 4 sols, qu'il a fournis à mondict frère, par sa quittance. . . . .   63 l. 4 s.

Plus le 8 janvier 1605, j'ai rendu audit messager 20 livres qu'il avoit prestez à mon frère, par sa promesse du 18 décembre 1604. . .   20 l.

Plus le 21 avril audit an 1605, j'ay encore envoyé à mondict frère par ledict Razouz, 63 livres 4 sols. . . . .   63 l. 4 s.

Plus le 20 de juing audit an 1605, je lui ay encore envoyé par André Dominet, aussy messager dudict Thoulouze, 63 livres 3 sols, suivant son récépissé. . . . .   63 l. 3 s.

Plus, le 7 octobre 1605, je luy ai envoyé, par Arnauld Gaston, aussy messager dudict Thoulouze, 47 livres 8 sols, ainsi qu'il appert par la reconnaissance de mondit frère . . . .   47 l. 8 s.

Je luy ay encore envoyé à Thoulouze deux aulnes et demye de serge pour luy faire ung habit, avec du gallon, soye, bouttons, thoille et autres garnitures, avec un double ducat d'or, y compris le port, revenu le tout à 26 livres 7 sols, suivant sa lettre du 10 janvier 1606.

Plus envoyé à mondit frère, à Thoulouze, par le messager, le 26 mars 1606, 63 livres.

Le 19 août, 52 livres. Le 13 octobre, 52 livres. Le 28 avril 1607, 84 livr.

Plus j'ay fourny à mondit frère Paul Cosquyno, à plusieurs fois, depuis

(1) Le compte-rendu est daté de Paris le 31 août 1608.

son retour dudit Thoulouze, qui fut le 24 mai 1607, jusqu'à présent, tant pour l'habiller que pour la nourriture et autres sortes de dépenses qu'il luy a convénu faire, la somme de 309 livres 9 sols 2 deniers.

Plus pour avoir payé ce qu'il a convenu pour l'expédition de ses licences en droit, et pour le faire recepvoir à la Court de Parlement, jay payé la somme de 63 livres 19 sols, sçavoir : 45 livres pour ses licences, 7 livres 10 sols, pour le droit de sa réception au Parlement, et 30 sols au greffier pour retirer l'acte de son immatriculation en ladite Cour.

Plus jay payé, le 1er mars 1608, pour mondit frère Paul, à Estienne Daraux, messager de Thoulouze, 20 livres pour faire tenir audit Thoulouze, à l'hoste où estoit logé mondit frère, laquelle il luy devoit de reste.

Plus, au mois d'avril 1608, jay fourny pour luy, pour luy faire un pourpoinct de serge de Chartres et retourner des chausses de serge, tant pour les fournitures que façons, la somme de 14 livres 1 sol.

Plus pour une soutane de serge de Chartres, que jay achetée pour mondit frère Paul, et pour l'avoir fait accoutrer et y mettre des bouttons, 13 livres 19 sols.

Plus pour du taffetas pour doubler et faire paremens à une robbe de serge du palais, que je luy ay donnée, et pour de la serge à faire le chapperon et façon. . . . . 19 l. 16 s.

Plus pour une ceinture de soye et bonnet quarré pour luy . 3 l. 10 s.

Plus jay payé à Madame Desmartineaux la somme de 37 livres 10 sols, pour deux mois et demy de la pension de mondit frère Paul, qu'il a esté au logis de ladite dame, à raison de 60 livres par an. . . . 37 l. 10 s.

Plus jay baillé en argent, à plusieurs foys, à mondit frère Paul Cosquyno, pour survenir à ses menues nécessitez, la somme de 17 livres 6 sols 6 deniers, depuis le mois de mars 1608 jusqu'à présent.

Plus, au moys d'août 1608, jay faict faire ung habit de moricagal (?) et camelot pour mondit frère Paul, et en retourner un autre, pour quoy faire jay payé, tant de fournitures que façon, la somme de 30 livres.

(Collection de M. Rou....

www.ingramcontent.com/pod-product-compliance
Lightning Source LLC
LaVergne TN
LVHW022118080426
835511LV00007B/886